님께

_____

드림

_____

진로인성디자이너 김재원의
꿈플러스 진로인성 바이블

진로인성디자이너 **김재원**의

꿈플러스 진로인성 바이블

김재원 지음

가림출판사

4차 산업혁명시대가 도래하고 있다. 이에 기존의 일자리는 사라지고 새로운 일자리가 생겨날 것이다. 지금도 제조업은 사라지고 플랫폼을 기반으로 한 산업이 점차 더 규모가 커지고 있다. 2018년 기준 페이스북 기업의 자산 가치는 1,040억 달러(117조 8,320억 원), 에어비앤비는 310억 달러(35조 1,230억 원), 우버 720억 달러(81조 5,760억 원)로 평가받고 있다. 삼성이 89조 원, 현대가 15조 원으로 평가받고 있다고 하니 다가올 미래의 산업이 어떻게 변화할지 예측할 수 있을 것이다.

이러한 변화에 맞춰 교육이 변해야 한다는 것은 모두가 공감하고 있다. 하지만 학교 교육의 현실은 디지털 러닝Digital Learning 시대에 부응하지 못하는 측면이 있다. 이제 우리는 어떻게 아이들을 글로벌 리더로 성장시킬 것인가에 대한 고민을 하지 않으면 안 된다. 저자는 대학 때부터 전공과는 다르게 인생진로를 탐색하는 평생 교육에 관심을 두고 박사과정을 수료하였다. 저자가 출간하는 책을 보면 형설지공螢雪之功과 청출어람靑出於藍이란 말이 새삼 떠오른다. 학교 현장에서 문제점을 찾아내어 한 권의 진로 지침서를 펴낸 김재원 선생의 노력과 스승을 능가하는 책의 결실에 경의를 표한다.

전북대학교 사범대학장 · 교육대학원장 권인탁

이 책은 학생들의 진로와 인성 교육을 고민하는 교사들을 위한 책이다. 4차 산업혁명으로 급변하는 오늘날 선생님들은 학생들을 미래 사회의 글로벌 인재로 키워야 하는 과제를 안고 있다. 비판적 사고를 심어주어 잠재력을 발휘하게 하고 자신의 삶을 주도적으로 개척할 수 있도록 교사들은 동기부여 전문가인 멘토가 되어야 할 것이다. 자유학년제와 학생부 종합전형으로 교육과 대입이 크게 변하고 있는 상황임에도 불구하고 현실은 영감과 실제적인 도움을 주는 지침서 하나 제대로 없는 게 현실이다. 우리 청소년들의 진로와 인성 교육으로 고민하는 교사들(학부모들)에게 이 책이 그런 역할을 해줄 것이라 믿는다.

경상남도교육연구정보원 원장 황선준

《꿈플러스 진로인성 바이블》은 아이들에게 어떻게 하면 '할 수 있다!'라는 희망을 줄 수 있을지에 대해서 대안을 제시한 교육보감이다.

아이들은 남과의 비교 대상이 아니다. 모두 독특한 개성과 소질을 가진 소중한 인격체이다. 개개인의 적성과 잠재력에 맞춰서 성장할 수 있는 기회가 제공되어야 한다. 아이들의 변화는 존중받을 때 나타난다.

이 책에는 자녀들이 스스로 창조적인 변화를 꾀할 수 있는 통찰과 지혜가 담겨져 있다.

모든 가정에서 상비약처럼 비치해야 할 보물이라고 생각한다.

전 전라북도교육연수원장, 《학생님》 저자 기동환

당신은 어렸을 때 꿈꾸던 어른이 되었나요?

왜 대부분의 강사들이 전공과 강의 분야가 다른 걸까?

문화센터 매니저로 근무하면서 가장 궁금했던 점이다. 수많은 이력서를 검토하면서 알게 된 점은 강사들의 학부 전공과 강의 분야가 대부분 다른 것이었다. 오히려 대학원 전공은 일치하는 경우가 많았다. 그렇다면 학부 전공을 정할 때 문제가 있다고 생각했다.

사람들에게 대학 전공을 어떻게 정했느냐고 물어봤다. 대부분 정시였기 때문에 수능 점수에 맞춰서 정했다고 한다. 어렸을 때 되고 싶었던 장래희망은 수능 점수 때문에 이룰 수 없었다. 나 역시 수능 점수로 학부를 선택했기에 이해할 수 있었다.

아이들에게 꿈을 물어보면 대부분 의사, 변호사, 교사, 과학자를 말했다. '대학교는 어디 대학교 가고 싶니?'라고 물어보면 '서울대, 연대, 고대요'라고 대답했다. 그 외의 선택지는 없었다. 우리들의 꿈은 4지 선다형 객관식 같았다. 하지만 인생은 객관식이 아니었다. 인생에 정답은 없었다. 자신만의 해답이 있을 뿐이었다.

해답을 찾기 위해서는 나를 알아가는 시간이 필요하다. 내가 누 군지, 내가 뭘 잘하는지 알지도 못한 채 우리는 어른이 되었다. 그 래서 시행착오가 많았고, 무기력증에 빠져 인생을 허비하는 사람 들이 많았다. 해외에서는 이 같은 문제를 해결하기 위해 자유학기 제 프로그램을 시행하고 있다. 영국의 갭이어gap year, 아일랜드의 전환학년제, 덴마크의 애프터스쿨이 그것이다.

해외에서는 버락 오바마의 딸 말리아 오바마도 거쳐 갈 정도로 장려하고 있는 '갭이어'는 대학교 진학 전 진로를 찾기 위해 보내 는 한 해를 의미한다. 이 시기에 학생들은 여행, 봉사 활동으로 학 업이나 직업찾기가 아닌 나의 '마음'을 찾아가는 활동을 한다. 각 나라마다 명칭은 다르지만 의미는 비슷한 것 같다. '인생은 한 번 뿐이다. 진짜 나를 찾을 수 있는 시간을 가져보자.'

한국도 '진짜 나를 찾는 것'이 중요하다는 인식을 하고, 2014년 부터 시범학교를 거쳐 2016년부터 자유학기제(자유학년제)를 전 국 3,200여 개 모든 중학교에서 실시했다. 자유학기제(자유학년제) 는 중학교 1~2학년 1학기 중 한 학기를 골라 이 기간에 시험을 보지 않고 체험·참여형 교육을 받으면서 적성과 진로를 탐색해보는 것이다. 자유학기제는 지식·경쟁에서 벗어나 학생 참여형 수업으로 소질과 적성을 키울 수 있는 다양한 체험 활동 중심의 교육 과정으로 운영하는 제도이다.

입시 역시 바뀌고 있다. 많은 대학들이 정시에서 수시로, 수시 중에서도 학생부 종합전형으로 선발하고 있다. 학생부 종합전형은 학생의 소질과 적성, 그리고 발전 가능성을 평가하는 제도로 해당 대학과 학과에서 공부하기 적합하다고 생각되는 학생을 선발한다. 서울대는 3,000여 명의 신입생 중 70퍼센트 이상을 학생부 종합전형으로 뽑고 있고 다른 대학도 이를 따라가는 추세이다. 학생부 종합전형은 학교생활기록부를 기초로 '동아리·독서·봉사활동, 교내 수상 실적'으로 평가한다.

전 세계적으로 '나를 찾는 게 중요하다'라는 인식을 하게 되고, 제도도 변화하고 있는 이유는 인공지능, 무인자동차, 3D프린터, 블록체인 등 '4차 산업혁명'의 영향이 크다고 생각한다. 우리나라의 경우 2016년 구글 딥마인드가 개발한 인공지능 알파고와 바둑 챔피언 이세돌 9단의 시합으로 엄청난 위기의식을 느꼈고, 2016년 다보스포럼에서는 '지금 현존하는 일자리 중 710만 개가 멸종될 것이다'라고 예측했다.

그래서 교육이 바뀌어야 하는데 현실은 아직도 과거에서 벗어나지 못하고 있다. 아이들이 원하는 교육을 받지 못하고 있는 것이다. 모 중학교에 자유학기제 수업을 나갔을 때 아이의 절망스런 목소리가 잊혀지지 않는다. "자유학기제는 XXX예요!" 그렇게 생각하는 이유를 물으니 "저는 A동아리를 하고 싶었는데, 선생님은 사람이 없는 B동아리를 하라고 했어요!" 제도가 바뀌면 뭐하나. 아이가 하고 싶은 것을 할 수 없게 한다면 아무 소용이 없음을 깨달았다.

또한 학생부 종합전형은 금수저 전형이라는 비판이 계속되고 있다. 그건 왜일까? 공교육에 대한 불신, 너무 많은 평가요소, 경쟁에서 낙오될지 모른다는 불안감을 이용해 수백에서 수천을 호가하는 컨설팅업체가 성행하고 있기 때문이다.

이와 같은 사회 현상을 해결하기 위해 이 책을 쓰게 되었다. 문화센터 강사들의 전공과 강의영역이 불일치하는 현상에 대한 문제제기로 시작하여, 그 원인이 학교 제도가 학생들의 꿈을 찾아주지 못했기에 일어난 문제였다는 걸 알게 되었다. 그래서 이 책을 통해

'어떻게 해야 학생들의 꿈을 찾아줄 수 있을까, 그리고 자신의 영역에서 진정한 실력자가 될 수 있는 방법은 무엇일까?'를 탐색하였다.

　수능으로 선발하던 시기에도 부모의 경제력이 자녀의 수능성적을 좌우한다는 비판이 계속되어 왔었다. 즉 돈 있는 부모들은 부의 되물림을 위해 제도가 어떻게 변하든 자녀에게 아낌없는 투자를 한다. 그러므로 보통 사람들인 우리가 성공하기 위해서는 금수저 전형이라고 비판하는 데 에너지를 쓰기보다는 '어떻게 하면 우리 학생들이 진정한 자신을 찾을 수 있게 도와주고, 어떻게 원하는 것을 이루게 해줄까?'에 초점을 맞춰야 한다. 특히 공교육에서 애쓰고 계신 교사들은 더욱더 치열하게 고민해야 한다.

　한 아이가 자신이 정말 원하는 꿈을 현실로 실현할 수 있도록 돕는 것은 쉬운 일이 아니다. 그러나 불가능한 것도 아니다. 교사 · 학부모 · 지역 사회가 합심한다면 가능하다. 어떻게 합심할 것인가? 이 책이 하나의 지침서가 되길 바란다.

진로인성디자이너 김재원

제1장

진로인성 지도를 고민하는 교사가 꼭 알아야 할 마인드

01

자아정체성을 찾아라

> 만약 중·고교 시절에 나의 꿈에 대해 고민하고 나의 적성에 맞는 일이 무엇인지
> 를 정한 후 대학을 선택하고 취업을 한다면 분명 지금보다는 덜 혼란스러울지 모
> 른다. 내가 원하는 꿈을 이루기 위해 진학하고 취업하고 생활하게 되면 누구를 위
> 해 일을 한다거나 단순히 돈 때문에 일하는 경우는 없게 될 것이다. 진학과 취업,
> 이직과 창업 등이 나의 꿈을 실현하기 위한 과정에 속하기 때문이다.
>
> — 조연심의 《나는 브랜드다》 중에서

《나는 브랜드다》의 저자 조연심은 지식소통 전문가로 인하대
학교 영어교육과를 졸업하고 YBM 시사 주니어에서 최연소 국장을
역임했다. 그런 그녀가 고정적인 월급이 나오는 직장을 그만두고 프
리랜서로 다시 시작한 이유가 무엇일까? 프리랜서는 일정한 수입이
없고 자신의 능력대로 돈을 벌게 된다. 세상은 프로에게만 자리를
내주는 치열한 전쟁터인데, 그 전쟁터로 나온 이유가 무엇일까?

그녀는 지식소통 전문가로 활동하면서 평범한 사람들의 꿈을
찾아주고, 그 꿈이 이루어질 수 있도록 도와줌으로써 세상을 움직이
는 영향력을 가진 사람이 되고 싶었다고 한다. 그저 사회적으로 인

정받고 그럴듯한 직업을 갖는 대신 내가 원하는 삶을 갖는 것으로 긍정적인 영향력을 행사하고 싶었다고 말한다. 그래서 그녀는 '지식 소통 조연심'으로 글을 쓰고, 소통하며 책까지 출간해 전문가로 인정받았다. 전문가로 인정받기 위해서는 '개인 브랜드'가 필수이다. '개인 브랜드'는 '자아정체성'이다. 나를 수식하는 핵심어다.

나 역시 저자의 생각에 동의한다. 나는 평생교육사로 10여 년을 근무하며 사람들의 성장을 돕는 것을 사명으로 여겼다. 강좌를 기획하고, 운영하고, 상담하면서 사람들이 원하는 모습으로 성장할 수 있도록 돕는 것을 희망했다. 그래서 평생교육사가 나의 정체성인지 알았다. 하지만 어느 순간 한계에 부딪혔다. 내가 하는 것은 남들도 다 할 수 있는 것이라는 생각이 들었다. 나는 누구한테라도 대체될 수 있는 사람이었다.

그때부터 '어떤 평생교육사'가 되고 싶은지 생각했다. 사람들의 성장을 돕고 싶다고 막연하게 생각했을 뿐 구체적으로는 생각해보지 않았음을 깨달았다. 책을 준비하며 곰곰이 생각해본 결과 '진로인성디자이너'라는 정체성을 찾았다. 저자 조연심처럼 사람들의 꿈을 찾도록 도와주고 싶은데, 정한 꿈을 실현시키기 위해 어떻게 해야 하는지 진로인성디자이너로서 도와주고 싶었다.

만약 사람들이 중고등학생 때부터 적어도 자신이 무엇을 잘하는지, 무엇을 좋아하는지, 어떤 분야를 연구할 때 재미있어 하는지 고민하고 미래를 디자인한다면 어떨까? 만약 학생 때부터 자신의 자아정체성ego identity을 고민하고 미래를 디자인한다면 개인적인 차원에서 뿐만 아니라 국가적으로도 시간과 돈을 절약하게 되고 또한 우리 삶이 좀 더 행복해질 것이다.

우리가 행복하지 않은 이유는 '진짜 나는 누구인가?'를 생각하지 않았기 때문이다. 진로를 정하는데 가장 어려운 것은 '진짜 나는 누구인가?'를 고민하는 것이다. 교사는 학생들이 부모님이 정해주는 나, 사회적 환경이 정해주는 나, 선생님이 정해주는 나가 아닌 '진짜 나'를 찾게 도와줘야 한다.

진짜 나를 찾는 과정에서 확인해야 할 것은 학생이 가지고 있는 자원이다. 학생이 무엇을 잘하는지, 무엇에 관심이 있는지, 어떻게 정보를 쉽게 받아들이는지 등 '자아정체성'을 스스로 알 수 있게 도와줘야 한다. 자신의 목표와 실천 행동을 디자인할 수 있게 해야 한다.

'자아정체성'이란 독일 출신의 미국 심리학자 에릭슨(1902~1994년)이 정체성이라는 정신분석적 개념을 심리 사회학적으로 확장한 개념으로 "개인이 청소년기 동안에 획득해야 하는 일종의 포괄적인 성취"라고 하였다. 그는 왜 '자아정체성'에 관심을 가졌을까?

에릭슨의 어머니는 간통으로 에릭슨을 낳았다. 에릭슨의 아버지와 어머니는 유대인이었으나 에릭슨은 금발에 푸른 눈을 가졌다. 그렇다고 에릭슨이 백인 사회에 낄 수 있는 것도 아니었다. 에릭슨은 유대인 사원 학교에서 괴롭힘을 당했고, 백인 사이에서는 유대인이라고 놀림을 당했다. 그래서 그는 자신의 '자아정체성'에 대해 끊임없이 연구했다. 그가 자신의 정체성을 끊임없이 고민해 '자아정체성'의 개념을 발견하고, 위대한 학자가 되어 명성을 날린 것처럼 우리 학생들 역시 자신의 정체성을 끊임없이 고민하고 발견할 수 있게 해야 한다.

내가 가르치는 학생이 그저 그런 사람으로 성장해서 자신의 적성에도 맞지 않는 공무원 준비로 도서관에서 인생을 허비하는 사람이 되기를 바라는가, 아니면 자신만의 브랜드를 구축해 전문가로 인정받고 성장하길 바라는가? 4차 산업혁명 시대에는 어떤 사람이 인재로 인정받을까?

인공지능, 3D프린터, 드론, 무인 자동차 등 과학기술의 발전으로 산업구조가 지금과 분명히 달라질 것이다. 분명한 것은 미래에는 '아이디어'와 '관계'가 있는 사람이 인재로 인정받을 것이라는 점이다. 우리는 아이들이 4차 산업시대에 자신만의 영역을 구축해서 아이디어 전문가로 성장할 수 있도록 도와야 한다. 그러기 위해서는 공교육에서 질 높은 진로인성디자인 컨설팅을 받을 수 있어야 한다.

'자아정체성'을 찾는 것은 진로인성디자인의 첫 단추이다. 중고등학교 6년 동안 자신의 '자아정체성'에 대해 치열하게 고민할 수 있도록 해야 한다. '나는 누구인가?'에 한마디로 대답할 수 있어야 한다. 그리고 진짜 나다운 나를 위해 비전을 가지고 자신에 대한 믿음, 끈기, 열정, 용기, 행동, 연습을 통해 인생의 주인공으로 살아야 한다. 그것이 학생의 브랜드이고, 경쟁력이며 꿈이 될 것이다.

02

나는 할 수 있다
자기효능감

'사명에 대한 자각'이 인생을 강하게 한다.

– 플로렌스 나이팅게일Florence Nightingale

나이팅게일(1820~1910년)은 영국의 매우 부유한 집안에서 태어났음에도 모든 사람이 신앙, 피부, 이념과 관계없이 보살핌을 받아야 할 권리가 있다고 굳게 믿었고 독일의 플리드너 간호학교에 들어가 복도 바닥을 닦는 일부터 시작했다. 그 당시는 간호사가 아직 직업으로 인정받지 못하고 있던 상태였으니 나이팅게일이 얼마나 큰 장벽에 부딪혔을지 알 수 있을 것이다. 영국 육군성에서 일했던 남자들은 나이팅게일의 직업을 비웃으며 그것이 곧 실패로 끝날 것이라고 비아냥거렸다. 대영 제국에서 가장 큰 권력을 지닌 몇몇 정치가도 나이팅게일이 하는 일을 비웃었다. 하지만 그녀는 강철 같은 의지로 자신의 일에 반대하는 거대한 벽과 끊임없이 싸워 현대 간호학의 창시자가 되었다.

나이팅게일이 활동한 1800년대 중반은 산업혁명과 여성의 사회 진출로 사회가 급변하는 시기였다. 사회의 변화에 맞춰 많은 직업들이 생겨났지만 그 선봉에 있는 사람들은 사회적 편견에 맞서야만 했다. 사회적 편견에 맞서본 사람은 알 것이다. 나의 신념과 믿음이 처절하게 무시당할 때의 좌절감이 어떤지를.

그럼에도 불구하고 이같이 자신의 목표를 추진할 수 있었던 힘은 무엇일까? 그것은 자기효능감self-efficacy이다. 자기효능감은 캐나다의 심리학자인 앨버트 반두라(1925년~)가 발표한 개념이다. 자기효능감은 목표 달성을 하기 위한 자신의 능력에 대한 믿음이다. 즉 "나는 할 수 있어!"라고 자신을 믿는 것이다. 자기효능감이 높으면 목표를 높게 세우고, 어려운 과제를 선택하며 그것을 해결하기 위해 시간을 투자한다. 나이팅게일을 비롯해 위대한 업적을 달성한 위인들은 '자기효능감'이 높다.

나는 어렸을 적 자기효능감이 높았던 것 같다. 중학생 시절 체육대회에서 율동 지도를 했는데 어떻게 해야 할지 몰라서 완전히 망치고 말았다. 그 일로 선생님은 나에게 교사 인생에서 가장 부끄러웠다고 질책했다.

그럼에도 불구하고 나를 탓하지 않고, 느리지만 조금씩 조금씩 성장해 지금에 이를 수 있었다. 그 이유를 복기해보면 부모님의 선천적인 낙천성을 물려받은 것과 자기효능감이 높은 집단에 찾아갔던 것이 큰 요인이었던 것 같다. 자기효능감이 높은 집단은 바로 '리더스클럽'이다. '리더스클럽'은 매주 토요일 새벽 6시 40분부터 9시까지 진행되는 독서모임이다. 50여 명이 참여하는데 교수·강사·교사·CEO·상담가·작가·공무원·학생 등 남녀노소 다양한 사람들이 참석한다. 나는 2015년부터 2016년까지 매주 한 권의 책을 읽고, 서평을 쓰기 시작했다. 매주 서평을 공유하니 사람들이 인정해주기 시작했고, 독서토론 진행도 제안을 받았다. 그때 제안받은 책이 한강의 《채식주의자》였다. 《채식주의자》는 노벨문학상에 버금가는 맨부커 인터내셔널 수상작으로, 전 국민의 관심을 받은 책이라 매우 부담이 되었다. 못한다고 할 수도 있었다. 하지만 도전해보고 싶었다.

자기효능감이 높은 사람들은 자신의 영역을 확장시키는 도전을 두려워하지 않는다. 50이 넘은 나이에도 성악을 배워 사람들 앞에서 열창하는 회원, 평범한 가정주부에서 작가로 성장하는 회원, 내성적인 성격에 무대 공포증까지 있지만 사람들 앞에서 발표하기에 도전하는 회원 등 자신과의 싸움에서 당당히 이겨내는 모습을 보며 '나도 할 수 있다'라고 자기효능감이 높아졌던 것이다.

이것을 반두라는 관찰학습이라고 하였는데, 간단하게 말하면 관찰과 모방을 통해 학습할 수 있다는 이론이다. 다른 사람의 행동을 통해서 자신이 두려워하는 영역에 도전하고, 잘할 때까지 연습하고 서툴지만 천천히 해낼 수 있게 도와줘야 함을 시사한다.

대다수의 선생님들은 할 수 있다고 힘을 주는 대신에 '너 같은 게 어떻게'라고 학생의 자기효능감을 없앤다. 내가 고등학교 3학년 때 패션 디자이너가 되기 위해 유학을 가고 싶다고 말한 후 담임선생님에게 들은 말이다. 또 중학교 1학년 때 바이올린을 가르치는 방과 후 강사가 나에게 "중1은 음악가가 되기엔 늦었어"라고도 했다. 그 말들을 듣고 난 후 나는 의욕이 상실되어 음악가와 패션 디자이너의 길을 포기하고 말았다. 만약 선생님이 '그래 넌 할 수 있어. 우리 같이 노력해보자'라고 한마디만 해줬다면 내 운명은 어떻게 바뀌었을까?

왜 교사들은 나에게 할 수 없다고 말했을까? 지금와서 생각해보면 교사들 스스로가 학습된 무력감에 빠졌던 것이 아닐까? 그래서 나는 교사들이 먼저 자기효능감을 키웠으면 좋겠다. 교사 스스로 할 수 없다고 생각하는데 어떻게 학생이 할 수 있다고 생각하겠는가? 학생의 꿈이 현실적으로 어렵게 보이더라도 '할 수 있어. 응원한다' 라는 말을 해주자. 또한 스스로 한계를 뛰어넘을 수 있게 발표할 수 있는 기회를 주고, 잘못하고 실패하더라도 괜찮다고 응원해주자. 다음에 더 잘할 수 있다고 용기를 북돋워 주자.

꿈꾸는 다락방의 이지성 작가는 '생생하게 꿈꾸면 이루어진다'

라고 하지 않았는가. '할 수 있다'라는 강한 신념과 행동은 목표를 세우고 위험과 도전을 마다하지 않으며 그것을 달성하는 원동력이다. 학생의 자기효능감을 깨워주는 것은 자신을 믿어주는 선생님의 위대한 행동이다. 그 행동은 '원하는 것을 넌 이룰 수 있어', '넌 할 수 있어'라고 학생을 무조건 믿어주는 것이다.

역경을 이겨낸 사람들의 비밀
회복탄력성

> 이 할머니가 어찌 된 영문인지는 몰라도 나를 끔찍이 챙겨주었다. 그 이유는 정말
> 알 수 없었다. 엄마도 돌아가시기 사흘 전에 이미 정이 떨어졌고 영감은 항상 골
> 칫거리로만 여기고 동네에서도 몹쓸 망나니 취급을 받는 나를 기요는 애지중지했
> 다. (중략) 기요는 가끔 부엌에 아무도 없으면 "도련님은 성품이 대쪽 같으셔서 좋
> 아요"하고 나를 칭찬하곤 했다.
>
> — 나쓰메 소세키의 《도련님》 중에서

기요 할머니는 도련님 집의 가정부이다. 기요 할머니는 어찌
된 영문인지 모범생인 첫째 형보다 사고뭉치인 둘째 도련님을 항
상 이뻐해준다. "저 녀석은 사람 구실하긴 그른 놈이야"라고 하며
엄마, 아빠도 골칫거리로 여기는 아이를 가정부인 기요는 알뜰살
뜰 돌봐준다. 도련님은 불퉁거리는 것 같아도 기요의 사랑과 지지
덕분에 잘 성장한다.

실패해도 다시 일어날 수 있어야 한다고 많은 리더들은 말한
다. 성공하는 사람들은 많은 실패에도 불구하고 멈추지 않고 목표
가 이루어질 때까지 노력한다. 넘어져도 다시 일어날 수 있는 힘

은 무엇일까? 그것은 바로 '따뜻한 눈길과 무조건적인 지지'이다. 장발장이 도둑에서 한 도시의 시장이 될 수 있었던 이유 역시 신부님이 "형제여, 왜 나머지 촛대는 안 가져갔소?"라며 장발장에게 은 촛대를 내어주며 따뜻한 말을 해줬기 때문이다.

고등학생 때 화학 선생님이 생각난다. 나는 지금도 그렇지만 그때는 잠이 더 많았다. 흥미가 없는 것도 아니었는데 왜 이렇게 수업시간에 졸렸는지 모르겠다. 선생님은 내가 매일 수업시간에 조니까 한번은 불러일으켜 세워놓고 혼내지는 않고 이렇게 말씀하셨다. "내가 봤을 때 재원 학생은 맘먹으면 잘하는 학생인데…… 그렇지요?" 그 뒤부터 그 말은 마법의 주문처럼 내 머릿속에서 맴돌았고, 왠지 모르겠지만 화학 공부가 재미있어지기 시작했다. 더 신기한 건 공부를 별로 하지 않은 거 같은데도 만점 또는 한 문제 정도만 틀리게 되었다는 점이다. 원소 기호와 분자 구조를 외우는 것이 정말 재미있었다. 나를 혼내지 않고, 잘할 수 있다고 지지해준 선생님 덕분이었다.

아이에 대한 믿음은 아이가 스스로 역경을 이겨낼 수 있게 만드는 힘이다. 전문 용어로 회복탄력성resilience이라고 한다. 위키백과에 따르면 회복탄력성은 크고 작은 다양한 역경과 시련과 실패를 오히려 도약의 발판으로 삼아 더 높이 튀어 오르는 마음의 근력을 의미한다.

회복탄력성은 심리학자 에이미 워너(1929~2017년) 박사에 의해 밝혀졌다. 그녀는 '어떻게 아이들이 범죄자가 될까?'라는 의문으로 하와이 카우아이섬의 아이들을 연구했다. 1950년 당시 하와이 카우아이섬은 실업자, 알코올과 마약 중독자의 섬이었다. 에이미 워너 박사는 1950년에 태어난 800명의 아이들을 대상으로 40년간 지속적인 추적조사를 하였다.

그 중 고위험군 201명 중 35퍼센트의 사람들이 사회적 성공을 이뤘다는 점을 발견했다. 에이미 워너는 고위험군 집단에서 왜 이러한 예외가 생기는지 궁금했다. 그래서 발견한 개념이 '회복탄력성'이다. 고위험군 중 성공한 사람을 연구해보니 그들에게는 공통점이 있었다. 바로 그들을 믿고 지지해준 사람이 최소 한 명 이상 있었다는 것이다. 부모님, 선생님, 이웃 등 누구라도 말이다.

요즘 부모나 선생님들은 아이들을 믿지 않는다. 심지어 아이에게 낙인을 찍는다. 가정환경이 안 좋으니까 쟨 글렀어, 공부를 못하니 넌 커서 뭐가 될래?, 넌 안돼, 니가 무슨…… 등. 아이가 하는 행동이 지금은 비록 잘못된 것일 수도 있다. 그 모습을 본 어른들은 빨리 아이를 고치고 싶은 성급한 마음 때문에 "다 너를 위해서야"라면서 야단부터 친다.

그러나 우리가 아이들을 위해 할 수 있는 것은 믿어주는 것뿐이다. 진로 상담을 받으러 온 아이들이 "뭘 해야 할지 모르겠어요", "전 꿈이 없어요", "귀찮아요. 아무것도 하기 싫어요"라고 말한다면, "넌 할 수 있어", "무조건적으로 널 믿는다", "힘들면 언제든지 이야기하렴. 그때는 도와줄게", "난 무조건 네 편이야!"라고 말해주자. 저절로 몸과 마음에 에너지가 생길 것이다.

무조건 믿어주자. 아이를 떠받들자는 이야기가 아니다. 기요가 도련님을 믿어준 것처럼 따뜻한 눈으로 넌 할 수 있다고, 잘하고 있다고 믿어주는 것이다. 그러기 위해서는 아이의 행동에 판단을 하지 말고 있는 사실 그대로 보는 연습을 해야 한다. 아이에게는 분명 장점이 있다. 아이들의 장점을 찾아 칭찬해주자. 장점이 없다면 단점을 장점으로 바꿔 말해주자.

교사들이 가져야 할 사명이자 책임은 '집안 환경에 상관없이 아이들은 훌륭한 사람으로 성장할 것이다'라고 아이들을 믿어주는 것이다. 어떠한 편견에도 내 눈앞에 있는 아이를 믿어주는 것이다. 교사들은 유능한 동기부여가가 되어야 한다.

《인공지능과 미래인문학》의 저자 고리들 작가는 '회복탄력성'이 높다는 의미에 대해 이렇게 설명했다. '회복탄력성이 높다는 것은 좌절을 겪었을 때 목표를 수정할 수 있다는 것이다. 원래의 목표에 다시 도전하는 것이 아닌, 다른 방향으로 수정할 수 있다는 의미'이다. 앤서니 라빈스의 《거인의 힘 무한능력》에서도 성공하는 비결은 목표를 세우고 행동하며, 피드백을 통해 목표를 수정할 수 있는 유연성을 기르는 것이라고 했다.

어떠한 경우라도 아이에게는 장점이 있고, 믿어주는 사람의 말 한마디가 용기가 될 수 있다는 것을 잊지 말자. 아이가 목표를 세우고, 실천하면서 실패했을 때 좌절하지 않고 다시 목표를 수정하고 시작할 수 있게 만드는 힘은 선생님의 믿음 뿐이다. 아이가 공부를 잘한다고 할지라도 회복탄력성이 없다면 역경에 부딪혀 좌절하고 세상에 대한 한탄만 하는 성인으로 자라날 것이다. 말해주자. 널 믿는다고. 우리가 심은 믿음의 씨앗은 20년, 30년 후 어떤 어려움도 이겨내고 우뚝 서는 튼튼한 나무가 되어 있을 것이다.

자기절제능력을 키워라
만족지연능력

> 남자는 탁자 밑에서 접시를 하나 꺼내 올려놓는다. 접시에는 마시멜로가 있다. 남자가 말한다. "내가 돌아올 때까지 자리에서 일어나지 않고 가만히 앉아서 기다리면 마시멜로를 두 개 줄게. 그 전에라도 네가 벨을 누르면 나는 바로 돌아올 거야. 하지만 그때는 마시멜로를 한 개만 줄 거야."
>
> – 데이비드 니븐의 《나는 왜 똑같은 생각만 할까》 중에서

위 사례는 스탠퍼드 대학교에서 1970년에 실시한 마시멜로 실험이다. 대상은 백인 중산층 가정의 4세 아이들 653명이다. 마시멜로를 바로 먹지 않고 선생님이 올 때까지 기다린 아이와 그렇지 않은 아이를 15여 년 후에 추적·관찰해보니 기다린 아이들이 SAT 점수가 최대 210점이나 더 높았고, 성인이 되어서도 더 성공적이고 평탄한 삶을 살았다고 한다.

미래의 목표를 위해 현재의 만족을 지연시키는 능력인 '만족지연능력'은 심리학 용어인 자기통제self-control와 의미가 유사하다. 자기통제는 장기적인 보상을 얻기 위해 혹은 처벌을 받지 않기 위해 자신의 감정, 행동, 욕망을 통제하고 단기적인 쾌락과 만족을

미루는 능력이다.

만약 아담이 유혹에 넘어가지 않고 선악과를 따먹지 않았다면 인류의 역사는 어떻게 바뀌었을까? 최초의 인류가 유혹에 취약했듯이 우리 역시 유혹에 취약하다. 유혹을 뿌리치고 자기통제력을 갖기란 쉽지 않다. 실험에서도 선생님이 올 때까지 15분을 기다린 아이들은 30퍼센트 정도라고 하니 나머지 70퍼센트는 자기통제력이 약한 것이다. 그래서 나머지 70퍼센트의 아이들이 왜 자기통제력이 약한지, 어떻게 하면 자기통제력을 키워줄 수 있을지가 교육의 핵심적인 성공 여부이다.

내가 다닌 고등학교는 전주한옥마을에 위치해 5월이면 각종 행사로 음악이 크게 들렸다. 게다가 시내가 가까워 방과 후 야간 자율학습 사이 한 시간 정도 텀이 생기면 부랴부랴 시내에 다녀오곤 했다. 공부가 될 리 없었다. 하지만 그 와중에도 열심히 공부를 한 아이들은 분명 있었다. 유혹을 이겨내고 자신의 목표를 위해 노력한 아이들은 자신이 원하는 대학에 진학하였다.

내 주위에는 미래의 목표를 위해 참고 견디는, 아니 즐기는 사람들이 많다. 그 중에서도 나에게 가장 특별한 분을 소개하고 싶다. 나의 멘토이자 롤 모델인 《더 시너지》의 유길문 저자이다. 유길문 저자는 진안 시골 출신으로 지방대를 나온 평범한 은행원이었다. 하지만 그는 강력한 만족지연능력을 가진 분이다.

유길문 저자는 환경을 탓하지 않고 끊임없는 자기계발로 7권의 책을 냈고, 30여 명의 저자를 탄생시킨 책쓰기 코치이며 데일카네기 리더십 강사, NLP 강사, 리더스클럽 회장을 맡고 있다. 그는 CEO들에게 동기를 부여해주는 시너지경영전문가이다. 2002년 3~4명으로 시작한 독서모임이 지금은 50~60여 명의 회원이 참여하는 전국 최대 규모의 독서클럽 모임으로 성장할 수 있었던 이유는 유길문 작가의 '만족지연능력' 덕분이다. 이는 강력한 자기통제력과 자신과의 약속을 지킨 결과이다.

자기통제력의 가장 핵심이 무엇이라고 생각하는가? 바로 '신뢰'이다. 약속을 하면 끝까지 지키는 것이 자기통제력을 갖게 하는 가장 큰 힘이다. 2013년에 실시한 마시멜로 실험에서는 1970년에 실시한 실험과는 달리 기다리면 한 개 더 주겠다고 하고 마시멜로를 주지 않았다. 교사와의 신뢰가 사라지니 그다음 실험에서 아이들은 참지 않고 마시멜로를 바로 먹었다.

이 실험 결과로 1970년에 실시한 마시멜로 실험에서 70퍼센트의 아이들이 자기통제력이 없었던 이유에 대해 추측이 가능하다. 원래 자기통제력이 없었다기보다는 양육자 또는 교사와의 관계에서 '신뢰'를 주고받지 못한 것에서 기인했다고 할 수 있다.

아이들과의 약속이 어른에게는 사소하고 작은 약속이어서 어른들은 아이들과의 약속을 쉽게 어긴다. 별문제가 없을 것이라고 생각한다. 그러나 아이들의 입장에서는 좌절과 불신을 배우는 경험이 된다. 약속을 지키지 않는 어른들 때문에 아이들은 참고 견디면 손해 본다고 생각한다. 눈앞에 있는 자기 몫을 챙길 수 있을 때 빨리 챙겨야 한다고 생각한다. 아이들과의 약속을 지키지 않는 것은 아이들이 성공하는 데 가장 필요한 자기통제력, 즉 만족지연 능력을 없애는 행동이다. 그래서 어떠한 경우라도 아이들과의 약속은 꼭 지켜야 하며, 만약 지키지 못할 경우라면 처음부터 약속을 하지 말아야 한다.

우리 아이들은 스마트폰, 컴퓨터, TV 등 충동을 조장하는 각종 매체와 광고에 노출되어 있고, 아이를 적게 낳기에 원하는 것을 모두 얻으며 자라났다. 그래서 자기통제력을 키울 수 있는 경험이 적다. 이러한 환경에서 교사들은 어떻게 아이들에게 자기통제력을 길러줄 것인가?

가장 기본적인 교사의 자세는 아이들과의 약속을 절대로 어기지 않는 것이다. 아이들끼리도 약속을 하면 꼭 지켜야 함을 알려줘야 한다. 또한 '놀이'에서 해답을 찾을 수 있도록 한다. 아이들끼리 놀이를 할 경우에도 각종 규칙이 필요하다. 아이들이 스스로 규칙을 만들고 지키며 바꿀 수 있는 기회를 준다면 자기통제력을 키워줄 수 있다.

학급 규칙을 만들 때에도 아이들 스스로 만들 수 있게 한다. 규칙을 만들 때 왜 규칙을 만들고 지켜야 하는지에 대해서도 토론을 할 수 있게 하자. 또한 현재의 목표도 중요하지만 미래의 목표도 중요함을 이야기해주고, 목표를 이루기 위해 어떤 능력이 필요한지 스스로 생각할 수 있도록 동기부여를 하자. 삶을 성찰할 수 있는 책을 선정해 독서토론을 매주 실시하는 것도 매우 좋은 방법이다.

마시멜로 실험을 창안한 월터 미셸 박사는 '마시멜로 테스트'에서 자기통제력을 의미하는 만족지연능력은 선천적인 것이 아니라 후천적인 능력이라고 말한다. 아이들이 어떤 환경에 있느냐에 따라 아이의 성공 여부가 결정된다. 학교는 학생이 만족지연능력을 키울 수 있도록 환경을 조성해야 한다.

05

인간은 누구나 다
귀여운 바보였다

4세인 준혁이는 자신이 숨었다고 생각하면 남들도 보지 못할 것이라고 생각한다. 그래서 투명 상자에 숨고는 자기를 찾아보라고 한다. 같은 나이인 예준이에게는 같은 양의 물이라고 확인시켜주고 바로 눈앞에서 그릇만 바꿔 어느 그릇의 물이 많은지 물어본다. 예준이는 높이가 높은 그릇을 선택한다.

– EBS 다큐프라임 《아이의 사생활》 중에서

위 실험은 스위스 철학자, 자연과학자, 발달심리학자인 장 피아제(1896~1980년)의 인지발달이론에 근거한 실험이다. 장 피아제는 비네 지능 검사를 만든 알프레드 비네가 운영한 남학교에서 아이들을 가르쳤다. 이때 지능 검사의 몇 가지 실례들을 기록하면서 피아제는 나이 어린 어린이들이 특정한 질문에 시종일관하게 틀린 답을 내고 있음에 주목했다. 나이 어린 어린이들이 나이 많은 어린이나 어른들이 하지 않는 같은 패턴의 실수를 반복하고 있음을 알아냈고 이는 인지발달이론의 토대가 되었다.

인지발달이론은 각 발달단계에서 개인마다 특정하고 뚜렷하게 나타나는 인식의 공통적인 패턴이 있다는 내용이다. 피아제는 영아가 세상을 감각과 운동으로 이해하는 감각운동기(0~2세), 자아 중심적이고 사물의 하나의 특징에 집중하는 전조작기(2~7세), 자기중심성에서 벗어나 보존 개념을 획득하는 구체적 조작기(7~11세), 추상적 개념을 이해하는 형식적 조작기(12세~)로 나누었다.

피아제의 발달이론은 아동기에 국한되어 제시되었으나 에릭슨(1902~1994년)은 영유아기에서 노년기까지 전 생애에 걸친 성인발달이론을 제시했다. 그는 청소년기에 '나는 누구인가'에 대한 답을 얻고자 노력하며 '자아정체성'의 개념을 설명했다. 에릭슨은 발달단계를 영아기(신뢰감 vs 불신감) - 유아기(자율성 vs 수치심) - 학령전기(주도성 vs 죄의식) - 학령기(근면감 vs 열등감) - 청소년기(자아정체성 vs 역할혼동) - 성년초기(친밀감 vs 고립감) - 중년기(생산성 vs 침체기) - 노년기(자아통합 vs 절망감) 8단계로 제시하였다.

이 부분을 조금 더 고찰해보면 사회생활에서도 이러한 인지발달단계가 있는 것 같다. 이를 사회성 인지발달단계로 명명하고 청소년기 - 성년초기 - 성년후기 - 장년기 - 노년기로 나누어 보도록 하자.

청소년기 시기는 자신이 전지전능하다고 믿는 시기이다. 그래서 자기중심적이다. '이 세상에 오로지 나 혼자'라는 착각에 빠지기도 한다. 장 자크 루소(1712~1778년)는 그의 책《에밀》에서 청소년기를 자신이 하고 싶은 것보다 힘이 세지는 시기라고 표현한다. 하고 싶은 것은 막연하고, 어떤 힘이 들지 모르기 때문에 다 될 수 있다고 생각하면서, 자신의 힘을 과대평가하는 시기이다. 그래서 어른들의 시선으로 봤을 때 무모하고 무례하게 느껴진다.

성년초기가 되면 다소 나약해진다. 자신감도 없어진다. 갑자기 자신이 초라하다고 생각한다. 하고 싶은 것보다 자신의 힘이 미약하다는 것을 깨닫기 때문이다. 소위 괜찮은 학교와 직장에 들어가기 위한 장벽이 엄청나게 느껴지는 시기이다. 모든 게 미숙하고, 실수하는 시기이다.

성년후기에서 장년기에는 일이 능숙하기에 성년초기의 미숙함을 인정하지 않는 우를 범한다. 이들은 자신이 가진 경험, 판단력, 창의력만큼 사회초년생도 당연히 그 정도는 할 것이라고 생각한다. 노년기는 사람들의 실수에 대해 그럴 수 있다고 이해력이 높아지거나 오히려 성년후기보다 감퇴한다. 성년후기를 어떻게 보냈는지에 따라 노년기의 사회성이 좌우된다고 볼 수 있다.

나의 성년초기를 되돌아보면 몰라서 한 실수가 대부분이었다. 누군가를 일부러 화나게 하려고 실수를 한 경우는 없었다. 하지만 직장상사는 그 사실을 고려하지 않고 화를 냈다. 세상에 절대 일어나선 안 되는 일처럼 말이다. 물론 지금 생각하면 이불 킥을 할 정도로 어이없는 실수였지만 좋은 말로 했어도 충분히 알아들었을 것이다. 상사는 다음에 재발하지 않도록 따끔하게 혼낸다는 의미도 있었겠지만 그 일은 오히려 마음에 상처가 되었다.

데일 카네기도 이와 같은 경험이 있었다. 데일 카네기의 《인간관계론》에 소개된 일화다. 조카인 조세핀 카네기가 열아홉 살에 그의 비서가 되려고 뉴욕에 왔을 때 그녀의 실수에 대해 야단을 치려고 했다. 하지만 그는 이내 자신의 열아홉 살 때를 떠올리며 그녀가 잘하고 있음을 깨달았다. 그래서 그녀에게 이렇게 말했다.

"조세핀, 실수를 했구나. 하지만 정말로 내가 저질렀던 실수에 비하면 아무것도 아니란다. 판단력이란 태어날 때부터 갖고 나오는 것이 아니라 경험을 통해 생기는 것이지. 네 나이 때의 나보다는 그래도 네가 낫구나. 멍청하고 어리석게 행동했던 나 자신이 부끄럽게 생각되기 때문에 너를 나무랄 생각은 없단다. 그렇지만 네가 이렇게 해 본다면 더 현명한 일이 되지 않겠니?"하고 말문을 열었다.

선생님의 입장에서 학생에게 답답함을 느끼고 야단치고 싶을 때, 자신 또한 완벽한 사람이 아님을 인정하면서 더 좋은 방향으로 실수를 고칠 수 있게 조언해준다면 어떨까? 이렇게 하기 위해서는 '인간은 누구나 귀여운 바보였다'를 떠올리면 좋을 것 같다. 타인의 실수를 4세 아이의 단계처럼 바라보는 것이다. 중고등학생, 사회초년생은 몸만 컸지 아직 사회성 인지발달단계로 보면 4세와 같다. 만약 내가 실수했을 때 직장상사가 데일 카네기처럼 말해 줬다면 그들을 존경했을 것이고, 나아가 더 잘하기 위해 노력했을 것이다.

학교 교사로 근무하면 얼마나 답답한 일이 많을까? 교육 현장이 궁금해서 방과 후 강사를 1년 정도 경험한 적이 있었다. 이때 느낀 점은 '어후…… 이것들을…… 조그만한 게……'였다. 퀴즈를 맞추면 상으로 과자를 주며 진행했는데, 한 남학생은 "그런 시시한 건 안 먹어요"라며 약을 올렸다. 또 분단을 나눠서 게임을 하자고 했더니, "쟤네 분단에는 학원을 다니는 애들이 많아서 공부를 잘하는 데, 우리 분단은 안 그런단 말이에요. 게임하기 싫어요!"하고 소리를 질렀다. 약간 지능이 낮게 보이는 한 아이는 무작정 소리만 질러댔다. 모두 무례하기 짝이 없다고 생각이 되었다.

하지만 곧 마음을 고쳐먹었다. 이 아이들은 이제 초등학교 5, 6학년 일뿐이고, 몸만 컸지 사고력을 주관하는 전두엽이 아직 발달하지 않았을 것이고, 대인관계도 미숙할 뿐이라고……. 이러면서 배워나가는 단계이고, 그 배워나가는 단계에 내가 아이들이 성장할 수 있도록 도움을 줄 수 있는 위치에 있으니 얼마나 다행이냐고 말이다.

발달단계를 이해하는 목적은 아이의 실수가 선생님을 화나게 하려고 일부러 그러는 것이 아님을 깨닫는 데 있다고 나는 생각한다. 아이의 무례함 역시 나를 공격하려는 의도보다는 선생님의 관심을 얻고 싶은데 그 방법을 제대로 모르는 것이다. 학생들은 자신의 마음을 알아달라고 마음속의 불만을 수동적 공격을 통해 표출하고 있는 것인지도 모른다. 사회성 인지발달단계를 이해함으로써 아이들을 이해해보자. 원래 우리는 누구나 미숙한 존재임을 인정하자. 인간은 누구나 다 귀여운 바보였다.

06

남들보다 뛰어나고자 하는
욕구를 충족시켜라

음봉초등학교(교장 김일영)는 2016년 7월 22일 바른 독서 습관을 기르기 위한 교내 독서골든벨 대회를 실시했다. 이번 대회는 3~6학년 대상으로 진행되었으며, 필독도서를 1달간 충분한 시간을 주고 읽게 한 후 참가 학생들이 문제를 듣고 화이트보드에 답을 써서 정답자와 탈락자를 가리는 서바이벌 형식으로 진행됐다. 행사에서 우승한 4학년 조은서 학생은 "대회를 준비하면서 다양한 분야의 책을 읽게 되어 내 생각의 폭이 더 넓어진 기분이고 우승해 기쁘다"고 소감을 밝혔다.

— 대전투데이 2016년 7월 25일 기사

학생부 종합전형의 비중이 높아지면서 교내 수상 실적이 중요해지고 있다. 시험이 없어지고 자유학기제(자유학년제)가 실시되면서 학교생활기록부가 학업 능력, 전공 적합성 등을 판단하는 기준이 되고 있기 때문이다. 에듀동아 2016년 7월 8일 '독서, 교내 대회, 진로 심화 활동으로 남들보다 앞서 가라' 기사에 따르면 서울 단대부고는 기말고사 후 독서토론 대회, 진로탐색 대회, 골든벨 대회, 제2외국어 경시 대회 등 다양한 교내 대회를 연다고 한다.

각종 대회는 학생들이 대회에 참여하기 위해서 관련 지식을 공부함으로써 성취동기를 고취시킨다. 대회에서 우승하는 것은 타인보다 자신이 뛰어나다는 것을 입증할 수 있는 좋은 기회가 된다. 공정한 심사와 선의의 경쟁 시스템을 갖춘다면 교내 대회는 학생들의 동기를 부여시키는 가장 좋은 방법이다.

후불제여행사 투어컴의 후원으로 전국 독서동아리클럽연합회에서는 매년 전국 독서동아리독후감 대회를 진행한다. 이 대회에는 총 5,000만 원 규모의 해외여행과 상금이 걸려 있다. 나는 2016년에 입선을 해서 아쉽게 해외여행은 못 갔지만 또 도전할 계획이다. 대회에 참여해야겠다는 마음을 먹으니 책을 읽고 글쓰기를 더 열심히 연습해야겠다고 결심하게 되었다. 내가 참여하고 있는 스터디 그룹에서는 책을 내면 북 콘서트를 열어주겠다고 상품을 거신 분도 계시다. 그 말을 들으니 더 빨리 책을 내야겠다고 생각했다.

데일 카네기는 남보다 뛰어나려는 욕구를 자극하면 생산성을 향상시키고, 대단한 업적을 달성할 수 있다고 하였다. 그가 말하길 성공한 사람들은 일 자체를 좋아하며, 자기표현의 기회를 갖는 것을 좋아한다고 했다. 그들은 자기의 값어치를 증명하고, 남보다 뛰어나고 싶고, 이기려고 하는 기회를 좋아한다. 대회에서 이기면 자기중요감을 얻을 수 있다.

그러나 현실에서 우려할 만한 것이 있다. 충북일보 김병학 기자(2016년 8월 16일)에 의하면 고교 교내 대회가 지역별 최대 8.7배 차이를 보인다고 했다. 서울 강남구는 21.8개를 개최했으나 전북 임실군은 2.5개로 그 차이가 컸다. 전국 평균은 13.1개로 조사되었다. 그래서 교내 수상 대회를 학생부 종합전형의 평가요소로 반영하는 것은 기회의 형평성 차원에서 적절하지 못하다고 시민단체는 지적하고 있다. 또한 교내 백일장 대회 심사 결과를 조작한 교사가 벌금형에 처해졌다는 기사도 있다. 교내 수상실적이 조작될 수 있다면 학교의 신뢰는 바닥에 떨어질 것이다.

이 같은 문제를 해결하기 위해서 어떻게 해야 할까? 먼저 교사 스스로 청렴할 것을 다짐해야 한다. 또한 불미스러운 일을 방지하기 위한 노력도 필요하다. 심사위원에 학부모 및 학생도 참여하게 하는, 열린 평가 시스템을 구축해야 한다.

무엇보다 교내 대회는 학생에게 동기를 부여하는 차원에서 실시될 수 있도록 구성원의 노력이 필요하다. 아이들 스스로 대회를 만들게 하는 것도 방법이 될 수 있다. 상장을 받는 사람에서 상장을 부여하는 사람이 되어 보는 것이다. 매주 꾸준히 독후감을 쓰고, 홈페이지

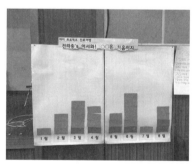
전라중학교 진로 여행 프로그램 중 아이들의 성취를 레벨업으로 시각화한 점수판

에 공유하며 학기 말에 시상식을 하는 것도 좋은 방법이며, 프로젝트를 만들어 완수하면 수료증을 부여하는 것도 좋을 것이다.

또한 교사는 진로와 관련된 미션을 주고, 아이가 미션을 수행하면 에너지바를 부여하고, 레벨을 올릴 때마다 보상을 수여하면 어떨까? 게임보상 시스템을 학교 교육에 적용해 자신이 성장하는 모습을 시각화해주는 것이다.

교육청 차원에서 각종 대회를 마련하는 것도 방법이다. 대회의 상품을 단순 상장과 부상이 아니라, 달리기 대회라고 하면 1등상 이름은 '서울에서 제일 빠른 달리기 선수'라는 타이틀과 함께 상품으로 전문가에게 배울 수 있는 달리기 트레이닝 1년 이용권을 제공해 역량 있는 인재로 육성하는 방법도 있다.

아이에게 동기를 부여하는 것은 교사와 학부모의 큰 과제이다. 아이는 누가 시켜서 하는 일보다 스스로 재미있어서 할 때 성취감을 느끼고 성장한다. 이를 통해 진정한 실력을 쌓게 하는 것이 중요하다. 타인을 밟고 경쟁에서 이기라는 의미가 아니다. 의미 없는 줄세우기도 아니다. 아이 스스로 공부하게 하는 것이 목적이다. 자기와의 싸움에서 이기는 것이다. 그러기 위해서는 동기가 가장 중요하다. 그래서 교내 대회나 다양한 이벤트를 통해 남들보다 뛰어나려는 욕구를 자극한다면 공부를 통해 아이 스스로 삶을 디자인할 것이다.

07

삶의 목표를 갖는 것은
가장 뛰어난 동기부여 방법이다

> 사람의 생각이 목적과 단단하게 연결되면 이것이 창조의 힘으로 작용한다. 이 사실을 깨닫는 사람은 끊임없이 흔들리는 감정에 동요되지 않으며 보다 높은 이상을 성취할 준비를 확실히 갖추게 된다. 이때부터 마음의 힘을 의식적이며 지적으로 사용할 수 있는 것이다.
>
> — 제임스 앨런 《원하는 삶을 얻는 인과의 법칙, 생각하는 대로》 중에서

　어떻게 하면 아이들이 스스로 공부하게 할 수 있을까? 교사들의 가장 큰 고민일 것이다. 교육학에서 외적동기와 내적동기에 대해 이론적으로 배웠지만 교육 현장에서 적용하기란 여간 어려운 게 아니다. 아이들마다 성향이 다른 데다가, 그때그때 상황도 다르기 때문이다.

　어떤 아이는 칭찬과 인정, 성적, 보상 등 외적동기에 더 반응을 하고, 어떤 아이들은 스스로 얻는 만족감에 더 동기부여가 되는 아이들도 있다. 내가 초등학교 5학년일 때 담임선생님 책상 위에 놓인 꽃병의 물을 가는 일을 했었다. 누가 시키지도 않았는데 말이다. 그냥 그게 하고 싶었다. 그런데 선생님이 칭찬을 해주셨다.

"재원이가 물을 잘 가네."

어른들은 칭찬을 받은 아이가 더 열심히 할꺼라는 일반적인 기대가 있다. 그런데 나는 그 말을 들으니 갑자기 꽃병에 물을 갈아주는 게 매우 싫어졌다. 왜 그런지 스스로도 지금까지 이해가 되지 않는다. 그냥 싫어졌다. 그리고 그 꽃병은 내 기억 속에서 사라졌다.

스티커도 마찬가지이다. 내가 방과 후 교사를 할 때 칭찬 스티커를 써봤지만 이미 머리가 큰 아이들과 아무것도 하기 싫어하는 아이들에게 동기부여를 시킬 수 없었다. 어떻게 해야 아이들에게 '동기부여'를 시킬 수 있을까?

그 답은 간단하다. 바로 목표를 세우는 것이다. 자발적으로 공부하고, 끊임없이 노력한 사람들이 공통적으로 하는 말이다. 그들은 자신의 환경을 탓하기보다 자신이 할 수 있는 것에 집중한다. 꿈, 비전, 목적, 목표, 버킷리스트 등이 바로 그것이다. 어느 것으로 말하든 다 좋다. 자신이 원하는 것을 글로 쓰고, 시각화해서 이미지로 만들어 '나만의 보물지도'를 만든다.

나 역시 나만의 보물지도를 만들었다. 내가 이루고 싶은 것을 몽땅 사진을 찾았다. 보물지도 한가운데에 내가 활짝 웃는 사진을 붙이고, '모든 일이 다 실현되었습니다. 감사합니다'라고 적었다. 아직 실현되지 않았지만 이미 실현되었다고 썼다. 그리고 나의 목표와 가치관에 어울리는 사진을 분류해서 붙였다. 사회적인 성공, 행복한 가족, 자아실현 등 내가 가지고 싶은 것, 되고 싶은 것을 붙여서 벽에 붙였다. 사진에 언제까지 이루었다고 구체적인 날짜를 쓰는 것도 목표를 이루는 사람들이 많이 이용하는 방법이다.

그 중에 가장 빨리 이뤄진 것은 '가격표 보지 않고 주문하기'였다. 보물지도를 만들고 며칠 후 나는 제법 큰 돈이 생겼다. 그래서 지인과 함께 뭘 먹을까하다가 회전초밥 집에 들어갔다. 그리고 말했다. "여기서 가격표 보지 말고 먹고 싶은 거 마음대로 먹어요."

의식하고 말한 것이 아니었다. 계산을 하려는데 갑자기 보물지도가 생각났다. '세상에, 진짜 가격표를 보지 않고 마음껏 먹었어!' 이 사건은 정말 나에게 깜짝 이벤트였다. 너무 기분이 좋았다. 하나가 이뤄지니 다른 꿈도 이룰 수 있다는 자신감이 생겼다. 그 꿈 중에서 그다음 이뤄진 것은 '작가되기'였다. '베스트셀러 작가되기'. 나는 이 책을 내고 교보문고에서 사인회를 열며 뜨거운 반응을 얻어 100쇄 이상 찍은 베스트셀러 작가가 되어 있을 것이라고 상상했다. 교보문고에서 사인회를 열 때 어떤 모습이 보이는가, 어떤 소리가 들리는가, 그때의 기분은 어떤가? 생생하게 꿈꾸면 이루어질 것이다.

《내가 상상하면 꿈이 현실이 된다》의 김새해 저자는 '보물지도'를 만들면 꿈이 더 빨리 이뤄지는 이유에 대해 설명했다. 사람의 뇌에는 미러 뉴런mirror neuron이 있어 머릿속으로 떠올린 영상이나 이미지는 바로 행동으로 옮길 수 있다는 것이다. 또한 우뇌는 1초 사이에 1,000만 비트의 고속으로 정보를 처리해 좌뇌를 움직인다.

즉 목표를 세우고 목표를 이미지화하면 행동으로 옮길 수 있는 힘이 생기는 것이다. 목표를 이루기 위해서 뇌가 자동으로 작동한다. 생각과 말과 행동이 목표와 결합되는 것이다. 가슴 뛰는 목표, 진짜 이루고 싶은 목표가 있는 아이는 주도적으로 공부하고, 책을 읽고, 행동하게 된다.

그래서 아이들이 자유학기제(자유학년제) 시간 동안 많은 체험도 필요하지만 더 중요한 것은 내가 진짜 원하는 것을 찾는 것이다. 원하는 것을 찾았다면 모델링 할 사람을 찾아야 한다. 내가 보고 배울 딱 한 사람을 정하는 것이다. 그리고 그 사람이 성공하기 위해서 한 것들을 연구한다. 가장 쉽게 할 수 있는 것은 그 사람이 쓴 책이나 방송으로 그 사람의 성공습관을 찾아내는 것이다. 그리고 그 사람이 한 방법 그대로 따라하는 것이다.

만약 아나운서가 되고 싶은 아이가 있다면, 자신이 멘토로 정한 사람의 책을 섭렵하고 멘토가 나온 뉴스, 기사, 방송 등을 통해 연구한다. 방송국을 견학하기도 하고, 아나운서 직업 체험도 할 수 있다. 아나운서 시험에 합격하기 위한 시험문제도 미리 살펴본다. 무엇을 어떻게 공부해야 할지, 왜 공부가 필요한지 느낄 수 있을 것이다. 좀 더 적극적인 아이라면 모델링 할 사람에게 메일을 보내거나 페이스북을 통해 만남을 요청할 수도 있다. 이렇게까지 노력하는 아이라면 멘토들은 정말 기쁜 마음으로 만나 줄 것이다.

자유학기제·자유학년제가 성공하기 위해서는 교사들은 꿈 코칭 전문가가 되어야 한다. 아이들에게 질문하라. 무엇을 할 때 가슴이 뛰는지, 목표를 적고 시각화하게 하라. 나만의 보물지도를 만들고 교실 벽에 붙게 하라. 그리고 그 보물들을 갖기 위해 어떻게 해야 할지 연구하게 하라. 스스로 목표를 세우고, 계획을 짤 수 있도록, 계획을 이룰 수 있도록 잘게 쪼개야 한다.

강성태 저자의 《66일 공부법》에 따르면 아이들에게 동기부여를 시키기 위해 최대한 목표를 잘게 쪼갠다고 한다. 그리고 자신이 이루고자 하는 것을 원래 하던 행동과 연결하여 습관이 되게 하였다. 원래 하던 습관에 바라는 행동을 결합한다. 이것을 66일 동안 지속하면 습관이 된다. 습관을 지속시키기 위해서 66일 습관달력을 활용한다. 습관달력은 칭찬스티커 판이다. 66일 동안 습관이 될 수 있도록 시각화한 것이다. 블로그를 검색하면 무료로 다운로드를 할 수 있다.

강성태 저자는 턱걸이를 하나도 못한 열등감을 극복하기 위해 퇴근길에 무조건 턱걸이 한 개씩하고 집에 들어갔다. 열흘쯤 지나니 한 개 더 할 수 있겠다는 느낌이 들었다. 그렇게 66일을 지속하니 습관이 되어 지금은 자유자재로 할 수 있게 되었다고 한다. 자신이 행동한 것을 시각화하는 것이 행동을 지속하기에 좋은 방법이라고 추천한다.

나 역시 원래 글을 잘 쓰지 못했다. 반성문을 쓰라고 하면 어떻게 써야 할지 몰라 '잘못했습니다'만 쓰는 게 고작이었다. 2015년부터 매주 한 권씩 책을 읽고 서평을 쓰기로 결심했다. 사람들이 내 글을 읽고 비웃는다 해도 무조건 쓰기로 했다. 그렇게 1년을 하고 나니 점점 책쓰기에 욕심이 생겼다. 작가가 되고 싶었다. 그래서 유길문·이은정·오경미 작가의 《된다 된다 책쓰기가 된다》를 읽고 책쓰기 코칭을 받았다. 코칭 2개월 만에 초고가 완성되었다. 작가가 되겠다는 목표를 세웠기에 가능한 일이었다.

성공한 사람들의 책을 읽으면 공통점이 있다. 목표를 세우고, 글로 썼다는 것이다. 그리고 목표를 언제까지 이루겠다는 구체적인 날짜도 썼다. 짐 캐리의 백지수표 이야기를 아는가? 짐 캐리는 문구점에서 가짜 백지수표를 사서 1995년 추수감사절까지 천만 달러를 벌겠다고 적었고, 4년 뒤 영화 마스크로 세계적인 스타가 되어 진짜 천만 달러를 거머쥐었다. 또 성공한 사람들의 공통점은 자신이 원하는 목표를 세웠다는 것이다. 엄마나 선생님이 원하는 것이 아니라 자신이 원하는 목표이다. 그것이 실패와 좌절도 이기는 동기부여의 비밀이다.

꿈이 있다고 해도 대부분의 아이들이 그것을 이루기 위해 어떻게 해야 할지 모르고 있었다. 축구선수가 꿈이라고 대답한 아이에게 "제일 좋아하는 축구선수가 있니?"라고 물으니 "손흥민이요"라고 했다. "그럼 손흥민처럼 되려면 어떻게 해야 할까? 손흥민 선수가 드리블 연습은 어떻게 했을까?"라고 물으니 "그건 몰라요. 생각해 본 적 없어요"라고 했다. 꿈이 있는 아이들도 목표를 잘게 나누지 못한다면 꿈은 공상일 뿐이다.

교사는 아이들이 꿈과 목표를 세우고, 목표를 이루기 위한 행동습관을 가질 수 있도록 코칭해야 한다. 1등이라는 목표가 아니라 아이가 원하는 목표를 세우게 해야 한다. 자유학기제(자유학년제) 시간 동안 아이들에게 필요한 건 꿈을 정하고, 목표를 세우고, 목표를 이루기 위해 행동할 수 있도록 습관을 만드는 것이다.

강헌구 작가의 《가슴뛰는 삶》에 따르면 1953년 예일대학생

중 성공한 3퍼센트는 목표를 적어 항상 지니고 다녔다. 목표를 쓴 3퍼센트의 사람들의 재산의 합이 나머지 97퍼센트 전부의 합보다 많았다고 한다. 스티븐 스필버그 감독은 17살에 아예 유니버설 영화사 스튜디오 빈 사무실에 '영화감독 스필버그'라고 명패를 달고 영화제작 현장을 쫓아 다녔다. 그리고 그는 20살에 영화사 정식 직원이 되어 E.T를 만들고 세계적인 영화감독이 되었다. 당신이 가르치고 있는 아이도 가능한 일이다. 아이들에게 꿈과 목표 그리고 행동계획을 세울 수 있도록 할 수 있다면 말이다.

제2장

꿈을 찾아주는 진로검사 도구

우리는 서로 다른 것일뿐 틀린 게 아니다
– DISC 행동유형검사 –

> 조물주의 손에서 나올 때에는 모든 것이 선하지만, 사람의 손으로 옮겨지면 모든 것이 나빠진다.
>
> – 장 자크 루소 《에밀》 중에서

　　프랑스의 철학자 · 교육학자 · 음악가였던 장 자크 루소(1712~1778년)는 그의 교육철학을 집필한 《에밀》에서 모든 인위적인 것을 거부하고, 원래의 순수한 가치에 집중하는 자연주의 교육을 주장했다.

　　그는 열두 살에서 열다섯 살까지 에밀의 바람직한 교육의 모습을 다음과 같이 이야기했다.

　　'그는 자신을 전혀 타인과의 고려 속에서 생각하지 않으며, 타인 또한 자신을 전혀 생각해주지 않아도 좋다고 생각한다. 그는 어느 누구에게도 무엇 하나 요구하지 않으며, 또한 신세진 것이 없다고 생각한다. 그는 인간 사회에서 혼자이다. 그는 자기 자신만을 믿는다.'

루소는 세상이 가지고 있는 순수한 가치를 꿰뚫어보는 학자이다. 그는 에밀이 신분과 지위와 재산을 구별하지 않게 교육했다. 인간은 어떤 신분이든 동일하다고 생각하기 때문이다. 그는 사치품을 만드는 일보다 농업, 대장간, 목수 일이 훨씬 가치 있다고 생각했다. 그래서 에밀에게 장인이 될 것을 권유한다. 장인은 속박받지 않고 자유롭기 때문이다.

루소는 사람들이 강요하는 사회의 가치에 관심이 없었다. 그는 '왕'도 왕좌에 의해서만 존재하는 인간일 뿐이어서, 그가 더 이상 왕이 아니면 전혀 별 볼일 없는 존재일 뿐임을 안다고 책에서 주장했다. 왕관을 잃은 뒤에도 잘 살아가는 사람은 '인간의 지위'에 오른 것이라고 생각했다. 그는 권력을 비롯한 사회적 편견, 속박을 무의미하다고 보았다. 그래서 그의 교육철학은 아이가 스스로 깨달을 때까지 가르치지 말 것을 주장하고 있다.

루소가 이렇게 주장했던 이유를 DISC 유형에 맞춰 생각해보면, 루소는 신중형conscientiousness이기 때문이다. 루소의 생각은 신중형의 사람들과 일치한다. 신중형들은 세상이 정해놓은 가치를 무의미하다고 생각한다. 다른 사람이 자신을 속박하는 걸 싫어하는 것만큼 그 자신도 남을 속박하지 않는다. 또한 세상이 정해놓은 가치를 무의미하게 바라보고, 냉소적인 태도를 갖는다. 그들은 사물의 속성을 꿰뚫고 진짜 의미 있는 가치가 무엇인지 생각한다.

나 역시 루소의 교육철학에 동의했었다. 내가 부모가 된다면 루소처럼 교육시키고 싶었다. 타인의 도움 없이도 살아갈 만큼 독립성이 강했으면 좋겠다고 생각했고 나 자신도 그렇게 살고 싶었다. 하지만 세상은 신중형의 뜻대로 되지 않는다는 것을 깨달았다. 세상은 관계로 얽혀 있다. 그 관계가 얽히면서 세상이 복잡해진다. 세상이 옳고 그름으로 돌아가는 것 같아도, 사실은 좋고 싫음으로 돌아가고 있기 때문이다.

만약 아이를 지도자로 키우고 싶다면 루소의 교육철학으로 교육하는 건 곤란할 수 있다. 지도자는 서로의 이해관계를 조율하며 다른 사람을 이끄는 기술이 필요하기 때문이다. 루소의 교육은 아이가 신중형이나 안정형steadiness으로서, 연구하는 성향을 지닌 아이를 교육할 때 유효하다. 사교형influence, 주도형dominance 아이를 교육하기에는 부적합하다.

신중형의 장점이자 단점은 규정을 지키고자 한다는 것이다. 규정이 먼저여서 남의 사정을 봐주지 않다 보니 인간관계도 넓지 않고, 남에게 부탁하는 상황을 싫어한다. 아는 지인의 자녀 중에 신중형이 있는데 초등학교 1학년 때 자신이 상처를 받기 싫어 친구도 검증된 아이들만 사귄다고 했다.

지인 중에 전형적으로 주도형인 분이 있다. 나쁜 의도는 아니지만 막무가내형에 타인의 감정은 고려하지 않다 보니 주위에 적이 많다. 나에게도 "책 같은 건 그만 읽어. 아무 쓸모 없어"라고 해서 마음에 상처를 받았었다. 그 시기에 나는 책을 읽으며 서평을 쓰면서 존재감을 느끼고 있었기 때문에 더 큰 상처가 되었다. 보통 사람은 자신의 경험이 전부이자 진리라고 생각하는데, 주도형은 그 표현을 가감 없이 전달해 문제가 되기도 한다.

고등학교 때부터 단짝인 친한 친구가 있었다. 그 친구의 착한 성격이 좋았다. 그러나 나는 속으로 가끔 친구가 답답하게 느껴졌다. 그 친구와 만나기 위해 "ㅇㅇ앞에서 봐"라고 하면 "ㅇㅇ가 어딘데?"라고 했다. 나는 "항상 지나가는 길인데 어떻게 모를 수 있어?"라고 타박했다. 집과 학교밖에 모르는 아이였다. 지금 생각해보니 그 친구는 변화를 싫어하는 안정형이었다. 변화를 싫어하는 답답한 안정형이지만, 안정형은 인내심이 강하기에 앉아서 공부를 오래 해야 하는 전문직, 공무원이 많다.

회사 동료 중에 '이것 좀 해주면 안 될까?' 하며 부탁을 잘하는 사람이 있었다. 평소 친분 관계가 있어서 거절할 수가 없었다. 평소 맛있는 것도 잘 사고, 생일도 꼭 챙겨주며 인덕을 쌓는 모습이 부러웠다. 사람들에게 인기가 좋았고, 사람을 편하게 해주는 매력이 있다. 닮고 싶은 사교형의 모습이다.

DISC 분류기준

외향형

D   I

일 중심   사람 중심

C   S

내향형

앞의 사례는 DISC 행동유형으로 나눠서 분석한 것이다. DISC 행동유형검사는 전 세계적으로 사용되는 성격유형 분석도구이 다. 1928년 콜럼비아대학의 심리학 교수인 월리암 마스톤 박사가 《Emotions of Normal People》에서 주도형dominance, 사교형influence, 안정형steadiness, 신중형conscientiousness을 처음 발표했다. 사람들은 네 가지 행동유형으로 그들의 감정을 표현한다. DISC를 분류하는 기준은 위의 그림과 같이 외향형 & 내향형, 일 중심 & 사람 중심으 로 나눈다.

아시아코치센터의 홍광수 저자는 《관계》에서 DISC를 활용하면 도저히 이해하기 힘들었던 사람들을 이해할 수 있다고 했다. 유형별 로 무엇을 중요시 여기는지, 서로의 다름을 이해할 수 있기 때문이다. DISC를 통해 각 유형이 상황을 어떻게 인식하고 반응하는지 파악할 수 있다.

《DISC로 성격을 디자인하자!》의 저자 김진태, 한동희는 자신의 생각을 빨리 표현하면 외향형, 느리거나 표현을 하지 않는다면 내향형으로 본다. 일 중심과 사람 중심은 말 그대로 일과 사람 중에서 어느 쪽을 더 우선순위로 두느냐이다. 나는 DISC를 알고 난 뒤 나는 왜 이렇게 생각하고 있었는지, 또한 다른 사람이 왜 그렇게 행동하는지에 대해 이해하게 되었다.

신중형과 사교형, 주도형과 안정형은 서로 유형을 모르면 서로의 특성을 모르기 때문에 오해가 많이 생긴다. 사교형은 흥이 나면 언제든지 춤과 노래를 부르고 남에게도 권유하는데, 신중형은 그런 상황을 매우 싫어한다. 자신 있는 게 아니면 보여주기 싫어한다. 남 앞에서 실수하면 자신을 우습게 보지 않을까 두려워한다.

사교형은 규정보다 친분을 내세워 일을 처리한다. 그런 상황을 신중형은 매우 싫어한다. 극단적인 신중형은 가족이라도 일에서는 가차 없는 경우가 많다. 일은 일이고, 관계는 관계라고 생각한다. 사교형은 그런 신중형이 야박하다고 생각한다.

일 처리가 빠른 주도형은 안정형이 무척 답답하다. 주도형이 생각하기에 하루면 될 것 같다고 생각하는 일을 안정형은 일주일이 걸리기도 한다. 안정형 입장에서는 자신의 의견을 강요하는 주도형이 불편하다. 안정형은 자신의 것을 지키고, 유지하는 게 무엇보다 중요하다.

학생과 교사 역시 유형이 다르기 때문에, 교사 입장에서 특히 거슬리는 아이들이 있다. 만약 교사가 신중형이라면 사교형 아이들이 너무 시끄럽고, 구제 불능이라고 생각할 수 있다. 교사가 사교형이라면 신중형 아이들은 원칙 없이 기분대로 하는 사교형 선생님을 싫어할 수 있다. 사교형 선생님은 무표정하고 정이 없는 신중형 아이들을 어렵게 생각한다.

만약 학생과 교사가 갈등이 생긴다면 누가 먼저 상대방을 이해해야 할까? 교사일 것이다. 교사는 아이의 유형에 맞춰 지도해야 한다. 만약 사자와 소가 사랑을 한다면 누가 더 배려해야 할 것인가? 날카로운 발톱과 뾰족한 이빨을 가진 사자 쪽이다. 선생님은 아이들에게 사자와 같은 존재이므로 교사가 아이들의 유형을 파악하여 지도해야 한다.

주도형에게는 보스로 인정해주면서 상대방을 포용하는 연습을 시켜야 한다. 상대방의 의견을 듣는 법, 자신의 의견에 대해 이유를 들어 설명하는 법이 특히 중요하다. 주도형들은 특히 감수성을 키우고 역지사지를 할 수 있게 도와줘야 훌륭한 리더가 될 수 있다.

사교형에게는 말을 잘 들어주고, 놀이 위주로 접근하면서 메모하는 습관을 길러줄 수 있도록 한다. 사교형은 삶에 대한 태도에서 네 편 내 편을 가르는 성향을 보이므로 사회에서는 규정과 규칙의 필요성을 알려주고, 지킬 수 있도록 차근차근 지도해줘야 한다. 또한 어떠한 성과를 내고자 한다면 스스로 해야 한다는 점도 알려줘야 한다.

안정형에게는 강요나 압박을 하지 말고 상황이 갑작스러운 변화로 느껴지지 않게 지도해야 한다. 그러면서 환경은 언제든지 변화될 수 있다는 점을 인식시키며 미리 대안을 생각할 수 있도록 지도해야 한다.

신중형에게는 객관적이고 논리적인 근거로 설득하면서 사람들과의 관계도 소중하다는 점을 알려줘야 한다. 이 세상은 혼자 사는 것이 아니며, 더불어 사는 것임을 충분한 지지와 응원으로 알려줘야 한다. 교사는 유형이 다른 아이들의 장단점을 파악해 장점을 키우면서 단점을 보완해야 한다. 또한 역지사지 할 수 있게 질문으로 코칭하면 서로 다름을 이해하는 인재로 성장할 것이다.

교사는 아이들의 특성에 따라 관계 맺는 방식을 다르게 해야 한다. 같은 상황에서도 사람마다 상황을 다르게 인식한다. 똑같이 대했다고 생각했는데 아이마다 반응이 다른 것이 아이마다 환경을 인식하는 방법이 다르기 때문이다. 학생을 지도할 때 서로 다름을 이해하게 하는 것이 중요하다. 나와 다르다고 틀린 것이 아니다. 아이의 성향에 맞춰 진로 지도를 해야 함을 아는 것이 진로지도교사의 능력이자 DISC 검사의 가장 큰 목적이다.

TIP

플레이스토어에서 DISC를 검색하면 무료 어플리케이션을 이용하여 DISC 유형을 검사할 수 있다.

[DISC 행동유형 특징]

구 분	특 징	선호 직업
주도형 (D)	외향적이면서 일 중심인 사람으로 빠르고, 결과 중심적이다. 학교에서 리더로서 친구들을 장악하려고 하는 성향이 있다.	군인, CEO, 심판, 감독, 선장, 경찰관 등 감독의 위치에 있는 직업 선호
사교형 (I)	외향적이면서 사람 중심인 사람들이다. 이들은 분위기 메이커형으로 친구들에게 인기가 좋다. 하지만 허풍이 세고, 상황에 따라 말이 달라지기 때문에 사람들을 곤란하게 만들기도 한다. 이들은 '우리는 친구 아이가?'라며 규정보다 인간관계로 접근한다. 이들은 자신이 영향력을 행사할 수 없을 때 스트레스를 받는다.	외교관, 상담가, 서비스업, 디자이너 등 남을 행복하게 해주는 직업 선호
안정형 (S)	내향적이면서 사람 중심이다. 평화를 사랑하고, 사람들과의 갈등을 좋아하지 않는다. 인내심이 강하기에 엉덩이를 붙이고 공부해야 하는 전문직을 선호한다. 착한 이미지이나 변화를 무엇보다 싫어한다. 예측 가능하고 일관성 있는 걸 좋아한다. 한국인의 대부분이 안정형이다. 한국인이 전문직이나 안정적인 공무원을 선호하는 이유는 이런 성향 때문이 아닐까 생각한다.	내과의사, 성직자, 이미용사, 자동차정비사, 사무원, 기술분야 전문가 등 변화가 없는 직업 선호
신중형 (C)	내향적이면서 일 중심이다. 사람들과 동떨어진 환경을 선호한다. 그래서 혼자서도 잘 논다. 신중형에게 학칙을 어기는 주도형이나 친구들하고 우르르 몰려다니는 사교형의 행동은 의미 없다고 생각한다. '졸업하면 인간관계는 어차피 깨질 텐데 왜 어울려야 해?'라고 생각한다.	세무사, 법조인, 교수, 연구원, 약사 등 혼자 할 수 있는 직업 선호

자료 : 김진태, 한동희,《DISC로 성격을 디자인하자!》

02

[강점지능을 찾는 다중지능검사]

EBS는 적성에 대한 설문조사를 2007년 7월 16일~7월 31일에 일반 성인 2,698명을 대상으로 검사를 실시하였다. '직업과 적성이 맞다고 생각하는가?'에 대한 질문에 그렇다 49%, 그렇지 않다 51%, '직업을 바꿔볼 생각을 해봤는가?'에 대한 질문에 그렇다 56%, 그렇지 않다 44%, 반절 이상의 사람들이 직업과 적성이 맞지 않고, 직업을 바꿔보고 싶다고 응답하였다.

－ EBS 다큐프라임《아이의 사생활_다중지능》중에서

EBS는 위 검사에서 직업에 불만이 높고 이직을 꿈꾸는 사람 9명을 선택하여 다중지능검사를 실시하였다. 그들의 직업은 예비의사, 영어교사, 개인 사업가, 연구원 등 사람들이 부러워할 만한 직업이었다. 영어교사인데 이직을 꿈꾸는 선생님의 인터뷰에서 직업에 대한 불만족 이유는 교사의 경우 현장에서 매우 높은 대인관계능력을 필요로 하는데 자신은 그렇지 않아 개인적인 만족감이 높지 않다고 하였다. 예비의사의 불만족 이유는 자연과학을 공부하는 것이 자신의 적성에 꼭 맞는 일이 아니어서였다고 한다. 그래서 1년 휴학을 하였다.

　　EBS에서의 사례뿐만 아니라 우리 주변에는 이직을 꿈꾸는 사람들이 많다. 정말 하고 싶고, 잘하는 일이 아니라 주변에서 그럴듯하다고 인정하는 직업을 선택한 사람일 경우에 더 이직을 꿈꾼다.

　　아는 지인의 근무처에 5급을 준비하던 고시생이 계속 불합격하자 9급으로 시험을 봐 합격해서 발령받아 온 직원이 있는데, 그 직원은 자기가 9급으로 근무할 사람이 아니라며 계속 괴로워한다고 한다. 그래서 다시 그만두고 시험 준비를 할까 고민한다는 것이다. 적성도 맞지 않고 자신에 대한 환상으로 사는 그 사람이 과연 행복한 삶을 살 수 있을까?

　　직업과 적성이 맞지 않는 경우 그들은 직업에 대한 불만이 높고 계속 이직을 꿈꾸기 때문에 한 영역에서 전문가가 되고, 부가가치를 창출하는 건 생각할 수도 없다. 겨우겨우 하루하루를 살며 생계를 위한 월급쟁이가 될 뿐이다. 개인 한 사람의 문제라면 오히려 다행이다. 하지만 직업에 대한 불만이 높은 사람들은 같이 일하는 주변 사람까지 부정적인 영향을 끼칠 수 있기에 직업과 적성이 맞지 않는 경우 심각한 문제로 인식해야 한다.

내가 상담해본 학생 중에도 예비의사인데 휴학을 한 경우가 있었다. 학생의 다중지능을 검사해보니 언어지능, 논리수학지능, 음악지능이 높았다. 사실 의대생의 경우 동식물 등 주변 사물을 관찰하고 차이점과 공통점을 찾는 자연친화지능이 높을 경우 더 적성에 맞다고 할 수 있다. 논리수학지능이 높아 수능점수는 잘 나왔기 때문에 의대에 진학하였지만 의학을 공부하기에는 괴로웠던 것이다. '왜 의대에 진학했느냐'라는 질문에는 '돈을 많이 벌기 위해서'라는 것이었다. 취미가 악기, 보컬 등 돈이 많이 드는 것이기 때문에 취미생활을 하기 위해 의사를 선택했다는 것이다. 상담 중에도 학생은 언어지능 등 문학, 음악 등 예술적 욕구가 더 강하였다. 그래서 휴학 기간 동안 소설을 써보기로 했다.

이미 직업을 정한 학생에게 자신의 적성과 맞지 않는다고 교사가 '직업을 그만두고 너의 적성에 맞는 것을 찾아라'라고 함부로 조언하기는 어렵다. 왜냐하면 직업을 선택하기까지 여러 제반요소가 얽혀 있기 때문이다. 부모님이 얼마나 경제적으로 지원해줄 수 있는지도 무시할 수 없다. 그래서 이런 경우 일단 취미로 강점지능을 강화시키도록 상담을 한다.

위의 학생과 같은 사례에서도 볼 수 있듯이 직업선택 전 진로상담을 통해 학생의 소질과 적성, 능력을 찾는 것이 중요하다. 특히 강점, 즉 학생이 잘하는 것이 무엇인가를 찾는 것은 어떤 것보다 중요하다. 그래야 시간과 돈과 에너지를 낭비하지 않는다.

　　강점지능은 '다중지능검사'를 통하여 찾을 수 있다. 1983년 하워드 가드너에 의하여 등장한 다중지능이론은 인간의 지능이 언어·음악·논리수학·공간·신체운동·인간친화·자기성찰·자연친화라는 독립된 8개의 지능과 1/2개의 종교적 실존지능으로 이루어져 있다고 설명한다. 즉, 지능검사(IQ Test)만으로는 인간의 모든 영역을 판단하거나 재단할 수 없다는 것이다. 이 이론에 따르면 각각의 지능이 조합됨에 따라 개인의 다양한 재능이 발현된다. 따라서 각 영역에 있어서 수많은 종류의 천재가 있을 수 있는 것이다.

　　자신의 일에서 최고의 성과를 내는 사람들의 다중지능은 어떨까? 1999년 올해의 디자이너상을 받은 패션 디자이너 이상봉, 2007년 제22회 골든디스크상 신인상을 받은 가수 윤하, 2007년 제35회 로잔 국제발레 콩쿠르 1위 박세은, 1991년 국내 최초 심장이식술을 성공한 송명근 외과의사에게 각각 다중지능검사를 실시한 결과 이상봉은 공간지능, 윤하는 음악지능, 박세은은 신체운동지능, 송명근은 논리수학지능이 강점으로 나타났다. 자신의 강점지능과 직업이 일치했을 경우, 자신의 직업에 대한 만족도가 높고 세계적으로 인정 받는 업적을 세울 수 있다는 점을 시사한다.

EBS 방송 후부터 10여 년이 지난 2017년, 그들은 어떻게 활동하고 있을까? 궁금했다. 검색해보니 이상봉 디자이너는 한중패션 활성화를 위해 상하이에서 강연을 하며 '2016 이상봉 8.15 광복절 리미티드 에디션'이라는 광복절 기부 프로젝트를 진행했으며, 2017년 4월에는 중국 광저우 패션위크 엔딩무대를 선보였다. 사드 여파로 냉랭한 분위기 속에서도 패션으로 하나가 될 수 있다는 것을 보인 무대로 평가받았다. 가수 윤하는 후아유 - 학교 2015, 심야식당(SBS 드라마), 서태지 테이크파이브 리메이크 등 꾸준한 활동을 하고 있었으며, 박세은은 세계 4대 발레단 중 하나인 파리오페라발레단 정단원으로 활동하고 있었다. 송명근 의사는 카바수술(종합적 판막 및 대동맥근부 성형술)을 개발해 중국 CCTV에 단독으로 집중보도되었고, 중국 내 카바심장센터에서 비용 전액을 지원해 교육기회를 제공한다고 밝혔다. 어떤 직업이던 자신의 일에 최선을 다하는 사람은 자신의 일에 몰입하고 성과를 낸다.

하고 싶은 것과 잘하는 것은 분명 다르다. 다중지능검사는 학생이 잘하는 것을 알 수 있는 검사이므로, 다중지능검사의 강점 영역에서 학과와 직업을 선택하면 자신의 영역에서 전문가가 될 수 있을 것이다. 강점지능은 근육을 키우듯이 강화시킬 수 있다. 어렸을 때 강점지능을 찾아 꾸준히 발전시켜야 한다. 결국 우리는 강점지능, 즉 잘하는 분야에서 일을 하게 될 것이기 때문이다.

TIP

다중지능 무료 검사 사이트 : http://multiiqtest.com/

multiiqtest.com

👍 좋아요 1,268개

다중지능검사

유의사항
다중지능 검사는 총 6페이지에 각 10문항씩 56문항이 나옵니다.
각 문항마다 평소에 편하고 습관적으로 하는 것을 체크하시면 됩니다.

1/6 페이지

1. 취미 생활로 악기 연주나 음악감상을 즐긴다.
- ○ 매우 그렇다.
- ○ 대체로 그렇다.
- ○ 보통이다.
- ○ 별로 그렇지 않다.
- ○ 전혀 그렇지 않다.

2. 운동 경기를 보면 운동선수들의 장단점을 잘 집어낸다.
- ○ 매우 그렇다.
- ○ 대체로 그렇다.
- ○ 보통이다.
- ○ 별로 그렇지 않다.
- ○ 전혀 그렇지 않다.

03

직업 가치관을 찾는
홀랜드 진로탐색검사

저희의 비전은 아시아의 모든 젊은이들이 기존 보수적인 사고방식에 대해 도전하고, 문화적 견문을 넓히고, 또한 자신만의 개성과 재능을 살려 자신감 넘치고 멋진 카리스마로 세상이 필요로 하는 진정한 글로벌 리더가 될 수 있게 발판이 되어 주는 것입니다.
– 인기 유튜버 아시안 보스Asian Boss의 '한국청년들에게 보내는 비전의 메시지' 중에서

유튜브에서 폭발적인 인기를 얻고 있는 아시안 보스의 스티븐 박. 그는 호주에 살며 각 나라의 문화와 생각의 차이를 인터뷰해 업로드를 한다. 그는 로펌에서 금융을 담당했던 변호사 이력을 가지고 있고, 같이 아시안 보스를 하고 있는 그의 친구 케이는 건축학 전공, 모델 출신이다. 그는 콩글리시에 대한 서양인의 반응, 매너 손에 대한 외국인들의 생각, 동양 청년들이 꿈을 잃는 이유 등과 같은 차별화된 주제로 그의 동영상은 100만 건이 넘는 조회수를 기록 중이다.

그들이 잘 나가는 직장을 그만두고 다른 사람의 꿈과 비전을 위해 돕겠다는 비전을 가지고 밑바닥부터 시작한 이유는 간단하

다. 이전의 직업이 자신이 원하는 길이 아니었기 때문이다. 케이는 아버지가 원했던 길을, 스티븐 박은 남들에게 인정받고 존경받는 사회적 지위에 집착했다고 고백한다. 하지만 그 일은 아무런 의미도 열정도 없는 일이었다는 걸 깨닫는 순간 진정한 '보스'가 되는 유일한 길은 자신이 원하는 대로 인생을 의미 있게 사는 것이라고 생각했다. 남들의 시선을 의식하지 않고 말이다.

실제로 많은 학생들을 상담하면 의사, 군인, 아나운서가 되고 싶다고 한다. 그 직업을 선택한 이유는 자신의 적성과 재능과는 상관없이 '돈을 많이 벌기 위해서', '그냥'이 가장 많다. 그런데 아이들에게 홀랜드 직업흥미검사를 해보면 결과는 사회형과 예술형이 많이 나온다. 사회형은 남을 돕고, 봉사하는 직업 가치관을 가지고 있고, 예술형은 창조적이고, 변화와 다양성을 선호한다. 그런데 왜 아이들의 꿈은 돈을 많이 버는 것일까?

홀랜드는 존스홉킨스 대학교에 재직한 미국의 심리학자이다. 그는 일의 특성과 그 일에 종사하는 사람들의 성격에 기초하여 직업을 분류하였다. 그는 직업 유형을 현실형realistic, 탐구형investigative, 예술형artistic, 사회형social, 기업형enterprising, 관습형conventional 6가지로 분류하였다. 그는 직업 성격에 기초해 직업을 선택하면 만족할 수 있다고 주장했다. 직업에는 기술, 능력, 태도, 가치, 역할 등의 공통적인 특성이 있기 때문이다.

홀랜드 진로탐색 6가지 유형

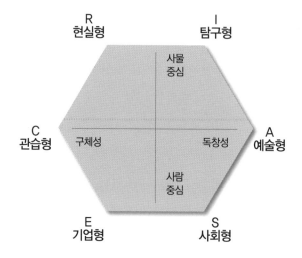

홀랜드 직업성격 유형은 사물 중심 - 사람 중심, 구체성 - 독창 성에 따라 그 특성이 나뉜다. 예를 들면 현실형은 사물 중심이면 서 구체적인 것을 선호한다고 보면 된다. 현실형은 손재주가 있고, 기계나 컴퓨터를 다루는 것을 좋아한다. 직업 가치관은 성취, 금전 적 보상을 선호한다. 각 유형별 특징과 직업 가치관, 학과 특성, 대 표학과는 다음과 같다.

[홀랜드 유형 특징과 관련학과]

구분	특징	학과 특성	대표학과
현실형 (R)	• 손재주가 있고, 기계나 컴퓨터 등 도구 활용 등에 흥미가 많다. • 분명하고 질서정연하며 실질적인 것을 좋아한다. • 경쟁 및 게임 활동, 신체적 활동을 선호한다. • 전통적인 교육 환경을 선호한다. • 직업 가치 : 성취, 금전〉실내 활동, 지식 추구	실제적인 기술 습득, 자격 취득 중요 기계 분석, 정확한 이해, 실습 위주 수업	수산물자연학과, 조경학과, 건축공학과, 로봇공학과, 기계공학과, 소재공학과, 자원관리학과
탐구형 (I)	• 분석적, 수학적, 과학적인 내용 그리고 학문적 역량이 필요하다. • 관심 있는 주제에 대해 계속적으로 관심을 가지고 파고 드는 경향이 있다. • 지적, 탐구적, 학구적이라고 평가된다. • 개인적, 독립적 활동 선호, 혁신적 가치관과 태도를 지니고 있다. • 직업 가치 : 지식추구, 개별 활동〉봉사, 애국	학문 주제에 대한 탐구 전통적이고 엄격한 수업 방식	생물학과, 물리학과, 수학과, 통계학과, 금융학과, 기계공학과, 도시공학과, 화학공학과, 항공우주학과, 약학과, 인류학과, 윤리학과, 사회학과, 경제학과, 지리학과
예술형 (A)	• 창조적, 새로운 방법으로 생각과 감정을 표현한다. • 변화와 다양성을 선호하고 틀에 박힌 것을 싫어한다. • 자유롭고 상징적인 활동에 흥미가 있다. • 독립적이고 복잡하며 비구조적인 상황을 선호한다. • 직업 가치 : 자율, 변화, 여유〉애국, 봉사, 영향력 발휘	심미적, 감정 표현, 예술적 감수성과 창의력 중시 실기 준비 필요	건축학과, 서양학과, 디자인학과, 영어영문학과, 불어불문학과, 미술학과, 문예창작학과, 음악학과, 실용음악학과, 영화과, 작곡학과, 연극영화학과, 국악과, 산업디자인학과

구분	특징	학과 특성	대표학과
사회형 (S)	• 함께하는 활동, 타인을 도와주는 활동 선호, 협력적, 친근, 관대하다. • 타인의 문제를 듣고, 이해하고, 도와주고, 치료해주고, 봉사하는 활동에 흥미가 있다. • 직업 가치 : 봉사, 변화지향 〉 금전보상, 개별 활동	인간관계나 커뮤니티 학습과 관련된 성격, 관계적 내용 중시, 사회적 역량 중시, 개인과 사회의 상호작용과 실제 적용에 관심이 많음	교양인문학과, 역사학과, 철학과, 종교학과, 문헌정보학과, 교육학과, 사회학과, 심리학과, 정치학과
진취형 (E)	• 리더십, 도전, 책임의식, 타인에게 영향을 주는 것에 흥미가 있다. • 조직의 목적과 경제적 이익을 얻기 위해 계획 관리하는 일과 그 결과로 얻어지는 명예, 인정, 권위를 선호한다. • 인정, 위신, 사례 중시, 그룹, 조직, 다양한 사람을 선호한다. • 자신감, 야심적, 외향적이며 실질적 보상에 관심 있다. • 직업 가치 : 영향력 발휘, 성취, 금전 〉 개별, 실내 활동	리더십, 조직관리, 지위 획득, 성공, 진로, 공모전, 경연대회, 자격증 취득 선호	경영학과, 커뮤니케이션학과, 신문방송학과, 컴퓨터공학과, 법학과, 행정학과, 언론학과, 마케팅학과, 광고홍보학과, 산업공학과, 경영교육학과
관습형 (C)	• 원칙과 계획에 따라 자료를 기록, 정리, 조직하는 일을 선호한다. • 체계적인 작업환경에서 사무적, 계산적 능력을 발휘하는 활동, 조직하는 활동을 좋아한다. • 사무기기, 통계관리, 재고관리 등의 활동에 유능하다. • 직업 가치 : 직업안정, 성취 〉 변화지향, 영향력 발휘	대부분 학과 개설 교육과정 수립에 집중하고 있는 유형은 RIASE 유형	C형의 경우 해당하는 학과가 많지 않다

자료 : 투모라이즈 블로그 '홀랜드 직업적성검사와 학과 선택'에서 재구성

홀랜드 검사는 자신의 직업 가치관을 알 수 있기 때문에 의미가 있다. 직장생활을 해본 사람이라면 알 것이다. 내가 생각하는 직업의 의미가 얼마나 중요한지. 그것은 소명의식, 보람, 비전과 미션이다. 나의 직업에 대해 소명의식 없이 일하는 사람의 표정을 본 적이 있는가? 죽지 못해 일하는 표정이다. 반면 일이 재밌어서 하는 사람은 표정부터 다르다. 내 일을 열심히 함으로써 타인을 도울 수 있다는 자세를 가진 사람은 항상 즐거워 보인다.

그럼에도 불구하고 지금도 많은 사람들이 자신의 적성과 가치관에 상관없이 다른 사람의 시선 때문에, 그럴듯해 보여서 '대기업에 들어가야 해, 공무원 시험에 붙기나 하자, 전문직이 되어야지'라고 생각한다. 장기적으로 봤을 때 직업을 선택할 때 가장 중요한 것 중 하나는 자신의 가치관과 맞는지 검토하는 것이다. 왜냐하면 가치관은 자신이 바람직한 것, 옳다고 믿는 것이기 때문이다. 자신의 가치와 반대되는 업무를 하게 된다고 가정해보자. 자신이 추구하고자 하는 것이나 실현하고자 하는 목표를 달성할 수 없기 때문에 매우 괴로울 것이다.

따라서 교사는 학생의 진로를 디자인할 때 학생이 어떤 가치관을 추구하는지, 삶의 목적은 무엇인지, 어떤 사람이 되고 싶은지, 나의 일로 타인을 어떤 방식으로 도울 수 있는지를 확인하는 것이 중요하다. 예를 들어 학문 자체 연구를 좋아하는 탐구형의 학생이 타인과의 관계를 중요시 여기는 사회형 학과를 갔을 경우에는 적응하지 못하고 실패할 수 있다. 가치관의 선택은 학생의 인생이 달린 문제이다.

홀랜드 직업흥미검사는 이러한 직업 가치관을 확인할 수 있으므로 꼭 체크해보자. 워크넷에 들어가서 청소년 직업흥미검사, 청소년 진로발달검사 등을 무료로 검사할 수 있다. 커리어넷에서도 무료로 진로심리검사를 할 수 있다. 직업적성검사, 직업흥미검사, 직업가치관검사, 진로성숙도검사 등 다양하게 준비되어 있다. 이를 통해 학생들이 적성에 맞는 진로를 선택하고, 또한 기존의 직업에 얽매일 것이 아니라 자기만의 직업을 창조해 준비할 수 있다.

박원순 서울시장의 또 다른 직함은 소셜 디자이너다. 그는 '세상을 바꾸는 천 개의 직업'에서 이렇게 청년들에게 외친다.

"좋은 비전이 있다면 도울 사람들이 저절로 나타난다. 판검사나 공무원이 되거나 대기업에 들어가야 성공할 수 있다고 믿는 20세기 직업관은 과감하게 버려라. 30년 전 부모님 세대의 낡은 기준으로는 앞으로 다가올 21세기를 열어갈 수 없다. 젊은 상상력으로 미래 직업을 개척하라."

교사는 학생의 '업業'을 찾을 수 있도록 도와야 한다. 인공지능과 3D프린터, 무인자동차, 드론 등 4차 산업혁명으로 인류가 경험해 보지 못한 미래가 온다. 앞으로의 미래는 아무도 모른다. 교사가 경험했던 기성 세대의 사고 방식에 갇혀 있지 말고 자신만의 가치관을 찾을 수 있도록 도와라.

TIP

직업흥미검사 무료 검사 사이트 : 워크넷 직업심리검사
http://www.work.go.kr/consltJobCarpa/jobPsyExamNew/jobPsyExamList.do?tabMode=1

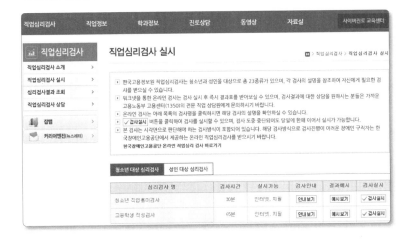

04

두뇌 성격을 알면
학부모 상담과 학생 지도가 쉬워진다

교수님 J대 주간반 1학년 ○○○입니다. 두뇌 성격을 공부하고 제 아이들에 대한 의문이 풀렸습니다. 저는 비슷하게 양육했다고 생각했는데 아이들이 왜 이렇게 다른가 항상 궁금했습니다. 한 학기를 마치는 시점에서 아이들을 바라볼 때 안타깝고 미안한 마음이 듭니다. 제게는 신선한 충격이었고 모든 지식의 기반을 마련한 것 같습니다. 고맙습니다.

– J대 수강생의 감사 이메일

2015년 2학기 J대학교에 교육심리학 출강을 나갔었다. 만학도가 많아서 이미 자녀를 다 키웠거나 중고등학생을 둔 학부모가 많아 어떻게 강의를 진행할지 고민이 많았다. 교육심리학 이론을 배우는 것보다 실제적인 지식이 더 필요할 것 같아 김영훈 박사의 《두뇌 성격이 아이 인생을 결정한다》를 교재로 선택하였다. 최근 교육심리학이 뇌과학 방향으로 연구가 진행되고 있는데, 이 책은 뇌과학 분야에 대해 일반인도 이해하기 쉽게 기술했기 때문이다.

수강생 중 아들만 3명인 분이 계셨다. 자신은 똑같이 양육하는데 아이의 성격이 다 달라서 답답해했다. 첫째 아들은 알아서 공부도 잘하고 똑똑한데, 둘째 아들은 마음이 너무 여리고 느려서 답답하다는 것이었다. 그런데 아이의 두뇌 성격을 알고 난 후 왜 아이들이 다른지 알게 되었고, 똑같이 대하는 게 평등한 교육이 아니라 아이들 특성에 맞게 교육을 하는 게 평등한 것이라는 걸 알게 되었다고 했다.

김영훈 박사의 이론에 의하면 아이의 두뇌 성격은 4가지로 나뉜다. 이성좌뇌형, 감성좌뇌형, 이성우뇌형, 감성우뇌형이다. 이성좌뇌형은 마이크로소프트 빌 게이츠, 감성좌뇌형은 중성자탄 잭이라는 별명을 가지고 있는 GE의 8대 회장 잭 웰치, 이성우뇌형은 애플의 스티브 잡스, 감성우뇌형은 세상을 따뜻하게 감싸 안은 마더 테레사로 대표된다.

이성좌뇌형 아이는 매사에 객관적이고 합리적이며 절제하는 자세를 잃지 않는다. 그래서 지나친 압박감과 책임감 때문에 아이답게 제대로 놀지도, 쉬지도 못하는 경우가 많다. 이성좌뇌형 아이들은 무표정한 경우가 많은데 그것은 마음이 평안해서 그런 것이 아니라, 감정을 인식하는데 시간이 걸리기 때문이다. 이성좌뇌형 아이에게는 '감성'을 키워주는 것이 중요하다.

이성좌뇌형인 빌 게이츠는 '세상은 원래 불공평하다. 그러니 그냥 익숙해져라'라고 말한다. 이 말을 사람들에게 전달하면 이성좌뇌형 사람들은 고개를 끄덕이고, 그렇지 않은 사람은 공감할 수 없다고 말한다. 감성이라고는 전혀 느낄 수 없는 명언에 속한다.

감성좌뇌형 아이는 자기 할 일을 알아서 척척하고, 공부도 열심히 하고, 친구들과도 사이좋게 지낸다. 적응력과 추진력, 리더십도 있다. 인정받고 싶어 하는 강한 욕구가 있기 때문이다. 하지만 고집도 세고 노력한 만큼 성과가 나오지 않으면 분을 참지 못하는 단점이 있다. 감성좌뇌형 아이에게는 리더십을 경험할 수 있게 해주면서 감정 표현을 잘할 수 있도록 도와주는 것이 필요하다.

감성좌뇌형으로 대표되는 잭 웰치는 시장에서 1, 2위를 하지 못할 사업은 폐쇄하거나 매각해 대규모의 구조조정을 단행함으로써 수만 명의 근로자를 해고시켰다. 그중에는 자살한 근로자도 생겨났다. 하지만 잭 웰치는 굴하지 않고 자신의 뜻대로 추진하였다. GE가 세계 1위 기업이 된 후에는 미국에서 가장 존경받는 최고의 경영인으로 불린다.

이성우뇌형은 호기심이 많다. 새롭고 기발하고 독창적이며 창의적인 생각을 좋아한다. 학교에서는 문제아로 찍힐 수 있는 유형이다. 자신은 특별하고 예외적인 존재라서 남에게는 허용되지 않는 것도 자신에게는 용납된다고 생각해 규칙을 지키지 않는다. 이성우뇌형은 1등이 중요한 것이 아니라 내가 하고 싶은 게 무엇이냐가 더 중요하다고 생각해 학교를 그만두려고까지 한다.

동상이몽에서 제주도 해녀의 명맥을 잇기 위해 학교를 그만두고 싶어 한 수아도 이성우뇌형의 특징을 보인다. 수아의 해녀 사랑은 사람의 마음을 울린다. 이성우뇌형 아이에게는 '왜 공부가 필요한지'에 대한 가치를 깨닫게 하는 것이 중요하다. 또한 호기심이 어디에 있는지 주목해 쉬운 미션부터 점차적으로 어려운 미션으로 올라가면서 성취할 수 있도록 도와줘야 한다.

이성우뇌형인 스티브 잡스 역시 학교를 그만둔 이력이 있다. 학교 수업에 의미를 느끼지 못했기 때문이다. 하지만 캘리그래피 등 자신이 관심 있는 과목을 도강하였다. 점으로 있었던 경험이 선으로 연결되면서 폭발적인 창의력으로 애플 스타일을 만들었다.

감성우뇌형인 아이는 상냥하고 친절하지만, 남달리 마음이 예민하다. 감성우뇌형은 감정의 기복이 심할 수 있는데, 감정이 풍부하고 사람의 마음을 잘 읽으며 직감이 좋아 주위 사람의 기분을 파악하고 대처하는 데 뛰어나다.

감성우뇌형은 자신이 다른 사람에게 어떤 존재일지 궁금해한다. 또래 친구들의 눈치를 보며 자신의 감정을 억눌러 스트레스나 우울증에 걸릴 수 있으므로 친구의 기분을 이해하고 공감하는 것은 칭찬하되, 자기 자신의 기분과 생각도 중요한 것이라는 것을 알려줘야 한다.

감성우뇌형인 마더 테레사는 서번트 리더십 '사랑'을 실천한 영적인 지도자이다. 마케도니아 출신인 마더 테레사는 1948년 가난한 이에게 봉사하라는 신의 계시를 받고 인도의 빈민가에서 봉사 활동을 시작한다. 학교와 무료 진료소를 짓고, 구더기가 들끓고 악취가 진동하는 현장에서도 한결같이 그들을 돌보는 모습에 1979년 노벨 평화상을 수상했다.

앞서 아들만 3명인 분의 경우 첫째는 이성좌뇌형이고 둘째는 감성우뇌형이었다. 어찌 보면 둘의 성격은 완전 극과 극이다. 엄마의 눈에는 공부도 잘하고 똑똑한 이성좌뇌형이 맘에 들 것이다. 우리나라 학교 교육도 이성좌뇌형을 길러내는 교육이 중심이다. 그래서 이성좌뇌형이 아닌 두뇌 성격을 가진 학생들은 인정을 받지 못하며 자란다.

나도 생각해보면 어렸을 때는 우뇌형에 가까웠다. 친구들과 어울려 노는 것을 좋아하고 그림 그리기를 좋아해서, 어른이 되면 디자이너나 만화가가 될 줄 알았다. 하지만 만화를 잘 그린다는 것은 학교에서 인정받을 수도 없었고 대학입시에도 도움이 되지 않았다. 나는 좌뇌형이 되기 위해 노력했다. 중고등학생 때 좌뇌형이 되어가는 과정을 겪으며 무기력증에 빠지기도 했다.

그래서 지금은 이성좌뇌형에 가까운 성격을 갖게 되었다. 그런데 이성좌뇌형의 가장 큰 단점은 다른 사람의 감정을 이해하는 데 어려움을 느낀다는 것이다. 정부 고위관계자들이 국민의 아픔을 공감하지 못하는 이유는 이성좌뇌형으로 길러졌기 때문이라고 생각한다. 시험에 합격하기 위해서는 다른 사람의 감정은커녕 자신의 감정과 고통도 외면하는 타입이다. 이렇게 자란 아이는 똑똑해서 부모의 자랑이 되기는 하지만, 부모의 감정 역시 외면할 확률이 크다.

학부모와 상담을 할 때 각자의 두뇌 성격이 다름을 먼저 인지시키면 기분이 상하지 않게 상담을 할 수 있다. 예를 들어 아이에게 문제가 있을 때 당신의 양육 방식이 잘못되었다고 말하는 것은 기분이 나쁠 수 있지만, 부모의 두뇌 성격과 아이의 두뇌 성격이 다르기 때문에 갈등이 생길 수 있다고 하면 이해시키기가 수월하다. 아이의 두뇌 성격 중 '장점은 더 키워주고, 단점은 보완해줘야 한다'라고 하면 쉽게 수긍한다.

감성우뇌형이자 화가인 학부모님은 이성우뇌형인 아들과 갈등을 겪고 있었다. 아들은 공부보다 기타 치고 노래하는 것을 좋아한다. 이 학부모님 역시 예술가여서 아들의 성향을 이해할 수 있다고 했다. 그런데 아들이 매사에 열심히 하지 않는 모습에서는 화가 난다고 했다. 더군다나 학교를 가지 않겠다고 해서 고민이었다.

아들은 자신이 무엇을 하면 어떤 보상을 원한다고 한다. 부모와 딜을 하는 것이다. 감성우뇌형인 부모는 이해할 수 없는 태도이며, 버릇이 나빠질 것 같아 그 거래를 무시한다고 한다. 하지만 이성우뇌형들은 보상을 통해 동기부여를 하기도 한다. 부모의 두뇌 성격상 '거래'를 받아들이기 힘들어도 아들의 두뇌 성격상 잘하는 것에 '보상'을 잊지 말라고 상담한다.

부모는 이성좌뇌형인데 자녀는 감성우뇌형이라고 가정해보자. 부모가 잘 나가는 전문직일 경우 문제가 더 심각하다. 자녀는 사회적인 성공보다는 타인에게 자신이 어떤 의미인지가 더 관심이 있다. 부모의 눈에는 너무 여리고 나약하게만 보여 더 윽박지르기만 한다. 어떻게든 명문고, 명문대에 입학시켜 경쟁 구도에 밀어 넣지만 감성우뇌형은 괴롭기만 하다. J.D. 샐린저의《호밀밭의 파수꾼》, J.M. 데 바스콘셀로스의《나의 라임오렌지나무》에서의 갈등은 감성우뇌형인 주인공을 가장 가까운 부모가 이해하지 못해서 일어난 경우이다.

교사의 경우도 이성좌뇌형일 경우가 많다. 교대 및 사범대학, 임용시험을 준비하기 위해서는 이성좌뇌형이 유리하기 때문이다.

이성좌뇌형의 눈에는 감성좌뇌형은 자기주장만 하고, 너무 연약해보이고 별 볼 일이 없어 보인다. 반면 이성우뇌형은 매우 산만하다.

하지만 어떤 두뇌가 더 좋은지 우열을 가릴 수 없다. 이성좌뇌형은 냉철하게 상황을 판단해 일 처리를 잘하고, 감성좌뇌형은 추진력이 있어 어떠한 비판에도 흔들리지 않는 카리스마가 넘치는 리더가 될 수 있다. 이성우뇌형은 독특한 아이디어로 세상을 바꾸고, 감성우뇌형은 넘치는 사랑으로 세상을 더 풍요롭게 만든다.

J대학교의 수강생이 깨달은 바가 바로 이 부분이다. 두뇌 성격마다 장점이 있고, 사회적으로 훌륭한 존재가 될 수 있다는 것, 아이의 다름을 인정하고 부모가 아이에게 맞춰 교육해야 한다는 것이다. 따라서 교사는 부모의 두뇌 성격과 아이의 두뇌 성격이 다름을 알려주고, 아이가 필요한 부분을 코칭해주는 방향으로 부모와 상담하는 것이 바람직하다.

두뇌 성격은 타고난 기질과 양육자의 양육태도, 즉 환경에 의해 결정된다. 같은 환경에 처해 있어도 아이의 두뇌 성격이 다른 이유는 타고난 기질이 다르기 때문이다. 기질은 낯선 정보를 처리하는 방식에 영향을 받는다. 기질은 바뀌지 않지만 성격은 바뀔 수 있다.

아이가 양육자와의 갈등을 겪고 있거나, 또는 학교에서의 행동이 이해가 가지 않는다면 두뇌 성격을 파악해보자. 서로의 두뇌 성격이 다르기 때문에 오는 갈등일 뿐 절대적으로 잘못한 사람은 없다는 것을 깨닫게 될 것이다.

05

세상을 어떻게 인식하고 판단하는지 알 수 있는 MBTI 성격유형검사

내가 MBTI를 처음 접할 때가 2006년이다. 그 당시에는 검사만 하고 상담은 제대로 받지 못해 내 유형에 대해 막연하게 알뿐이었다. 사실 직업을 막상 선택할 때는 MBTI 검사 결과를 반영할 수 없었다. 내 적성보다는 어디든지 취업이 되어야 했기 때문이다.

MBTIMyers-Briggs Type Indicator는 카를 융의 심리유형론을 근거로 브릭스와 마이어스가 일상생활에서 쉽고 유용하게 활용할 수 있도록 고안한 자기 보고식 성격유형 지표이다. 융은 인간 행동의 다양성이 종잡을 수 없는 것 같이 보여도, 사실은 아주 질서정연하고 일관된 경향이 있다는 걸 발견했다. '개인이 인식perception하고 판단judgement하는 특징이 다르기에 인간 행동이 다양하다'라고 하였으며, 인식하고 판단할 때 선호하는 경향을 찾고, 이러한 성향이 합쳐져 인간 행동에 어떠한 영향을 미치는지 연구했다.

나의 MBTI 검사 결과는 ESTJ형이었는데 ESTJ형은 구체적, 현실적, 사실적 활동을 조직화하고 주도해나가는 지도력이 있다고 한다. ESTJ형은 '사업가, 행정관리, 생산건축 등의 분야에서 능력을 발휘할 수 있고 속단 속결하는 경향과 지나치게 업무 위주로 사람을 대하는 경향이 있으므로 인간 중심의 가치와 타인의 감정을 충분히 고려해야 한다'라는 검사 결과가 나왔다.

그때는 이 결과에 대한 의미를 정확하게 몰랐는데 직장생활을 시작하고 10년이 지난 지금 가슴에 와닿는다. 직장생활을 할 때 갈등이 생기는 부분이 검사 결과에 나와 있었던 것이다. '지나치게 업무 위주'라는 말은 다른 사람이 나에 대해 느낄 때 '인간미가 없고, 싹수가 없다'라는 인상을 받는다는 의미였다. 그래서 내 경험상 MBTI 성격유형검사는 직장을 결정할 때보다 직장생활을 어떤 식으로 하게 될지 예측할 수 있는 유용한 도구라고 생각한다.

만약 영업직 사원을 뽑아야 하는 상황이라면 융통성이 있고 사람과의 관계를 중요시 여기는 사람을 뽑아야 한다. 감정형feeling, 인식형perceiving이 이에 해당된다. 그러나 사무직이나 분석하는 사람이 필요하다면 사고형thinking, 판단형judging에 해당하는 사람을 뽑아야 할 것이다.

내가 아는 지인 중에 영업부에 있다가 사회공헌팀에 발령받았는데 무척 괴로워한 사람이 있었다. 지인은 DISC 검사에서 I형인 사교형이었는데 MBTI로는 감정형에 가까운 성향을 나타냈다. 사회공헌팀은 기획 - 실행 - 보고가 일련의 과정으로 구체적이고 체계적인 기획력을 필요로 하는 부서이다. 그러나 지인은 사람과의 관계를 중요시 여기기에 영업, 교육, 상담이 적성에 맞는다고 했다. 적성에 맞지 않으니 괴로운 것이었다.

그러므로 학생의 진로상담 시 참고할 사항은 학생이 사고형인지 감정형인지 판단하는 것이다. 학생이 희망하는 직업이 꼼꼼하고 체계적인 역량을 요하는 직업인데 감정형이라면 다시 고려해야 한다. 학생이 사고형인데 영업이나 서비스직처럼 인간관계를 중요시 여기는 직업을 희망한다고 해도 마찬가지이다.

MBTI의 4가지 선호지표는 에너지의 방향이 외부로 향하는지 내부로 향하는지에 따라 외향성extraversion과 내향성introversion으로 나뉘고, 무엇을 인식하는지에 따라 감각형sensing과 직관형iNtuition으로 나뉜다. 어떻게 의사 결정을 하는지에 따라 사고형과 감정형으로 나뉘고, 채택하는 생활양식이 무엇인지에 따라 판단형과 인식형으로 나뉜다.

MBTI는 성격유형 지표이므로 학생 상담 시 보조자료로 활용하면 좋다. 보이는 모습으로는 어떤 스타일인지 파악하기가 쉽지 않기 때문이다. 예를 들면 똑같이 말이 없는 학생이라도 철저한

성격인지, 사물을 관찰 중인지, 말없이 헌신적인지, 친절과 겸손한
스타일인지 대화하지 않으면 알 수 없다. 대화 중에도 사회성이라
는 가면을 쓰고 있기 때문에 전문적인 검사 도구를 활용하지 않으
면 진정한 모습을 파악하기 어렵다.

MBTI 4가지 선호 지표

외향성(extraversion) 폭넓은 대인관계를 유지하며 사교적이고 정열적이며 활동적이다.	에너지의 방향은?	내향성(introversion) 깊이있는 대인관계를 유지하며 조용하고 신중하며 이해한 다음 경험한다.
감각형(sensing) 오감에 의존하며 실제의 경험을 중시한다. 지금, 현재, 정확, 철저함을 선호한다.	무엇을 인식하는가?	직관형(iNtuition) '육감' 내지 영감에 의존하고, 미래지향적이다. 가능성과 의미를 추구한다.
사고형(thinking) 진실과 사실에 주로 관심을 갖고 논리적, 분석적, 객관적이다.	어떻게 결정하는가?	감정형(feeling) 사람과 관계에 주로 관심이 있다. 상황적이며 정상을 참작한 설명을 한다.
판단형(judging) 분명한 목적과 방향이 있으며 기한 엄수, 철저히 사전계획적이다.	채택하는 생활양식은 무엇인가?	인식형(perceiving) 목적과 방향은 변화가능하다. 상황에 따라 일정이 달라진다.

자료 : MBTI 검사지, 한국심리검사연구소

MBTI로 미리 생활 스타일을 파악하면 상담 전 어떻게 대화를 해야 할지 전략을 짤 수 있다. 많은 상담을 통해 데이터가 쌓이면 더 효과적으로 학생을 지도할 수 있을 것이다.

TIP

무료 성격유형검사 사이트
https://www.16persona lities.com/ko

제3장

성공을 부르는 인성 교육

01

인성 교육은 착한 아이를 만드는 것이 아니다

> '선생님 반 애들은 말 잘 들어요' 담론은 대개 담임교사들 간 대화에서 이루어진다. 찬찬히 따져보자. 말을 잘 듣는 것이 어떻게 왜 착한 것과 연결될까. 논리는 단순하다. 아이들은 교사 말에 복종하는 대상이다. 이들 사이에는 명령과 복종, 지시와 순종의 메커니즘이 작동되어야 한다.
> – 정은균의 《교사는 무엇으로 사는가》 중에서

위의 사례는 김승환 전북교육감의 《교육감은 독서중》에 소개된 책의 일부이다. 인성이란 무엇인가? 우리는 말 잘 듣는 착한 아이를 가리켜 인성이 좋다고 하지 않는가? 과연 착한 아이가 인성이 좋은 것일까?

인성의 사전적 의미는 사람의 성품, 각 개인이 가지는 사고와 태도 및 행동 특성이다. 그렇다면 어떤 사고와 태도 및 행동을 가지고 있어야 인성이 좋다는 것인가? 재미있는 것은 사람들은 서로 자기 자신의 인성은 문제없다고 생각하는데 다른 사람들은 '싹수가 없다'라고 생각한다. 왜 이런 현상이 발생하는가?

2016년 8월 20일 리더스클럽에서 김승환 교육감을 초청해 회원들과 같이 교육에 대한 생각을 나누는 시간을 가졌다. 독서토론 전날에 김승환 교육감은 학교폭력 학생부 기재와 관련해 교육부의 감사자료 요구에 응하지 않은 혐의로 고발되었으나 '무죄'를 선고받았다(뉴시스 2016년 8월 19일). 그 밖에도 여러 갈등의 중심인 김승환 교육감이 무슨 이야기를 할지 궁금하였다. 그날 토론 주제는 여러 가지가 있었지만 '비판적 사고 능력을 가진 생각하는 인격체가 되려면?', '당당하게 자신의 의견을 표현하는 아이로 키우려면?'이란 질문에 관심이 갔다.

이날 교육감에게 한 회원이 "전북의 학업 성취도가 전국 평균 이하라는데 왜 그렇게 방치하는가?"라는 질문을 하였다. 이에 교육감은 "학업 성취도라는 것은 일제 고사이다. 객관식 문제를 잘 찍었다는 것을 의미한다. 그런 교육이 소용 있는가? 우리는 성적이 아니라 실력이 있는 학생을 길러야 한다. 진정한 실력은 독서에서 나온다고 생각한다. 전북의 교사들은 평균 3~4개 독서동아리에 참여하고 있다. 전국 대비해서 높다. 그래서 전북의 언어성적은 상위권이다. 그래서 외국어 능력도 상위권이다. 이게 무슨 의미인가? 우리는 비판적 사고를 하는 학생을 키워야 한다. 아이들의 입을 막는 것이 아니라 아이들이 활발하게 자기 의견을 표현할 수 있도록 해야 한다. 그래서 학업 성취도 결과에 신경 쓰지 않는다"라고 말했다.

또 한 회원은 "왜 정부와 갈등을 빚는가? 좋은 게 좋은 거 아닌가. 더불어 사는 세상이지 않나. 정부와 갈등이 있으니 예산을 못 받는 거 아닌가? 예산을 못 받아 전북의 교육이 낙후될까봐 걱정된다"라는 질문을 하였다. 그는 "좋은 게 좋은 것이 아니다. 과거 정부의 말을 잘 들어서 무슨 예산을 지원받았는가? 학교 폭력을 학생부에 기재하라는 정부의 지침은 그 학생의 앞길을 원천봉쇄 하겠다는 의미이다. 보통 문제를 일으킨 아이 역시 사람에 대한 갈등이 있고, 그 불만을 좋지 않은 방법으로 표현한다. 자기 자식이라고 생각해봐라. 내 자식이 학교 폭력으로 학생부에 기재돼 평생 낙인찍혀 산다면 부모의 마음은 얼마나 찢어지겠는가? 우리는 학교 폭력 가해자 학생의 앞길을 막기보다 그 아이의 마음을 알아줘서 진정한 마음으로 반성하게 만드는 노력이 먼저다. 어쩌면 그 아이는 늦게 피는 꽃일 수도 있다"라고 대답했다.

이날 토론을 통해 진정한 인성 교육의 의미에 대해 생각해봤다. 지도자가 다른 사람의 입장에서 생각하고, 행동한다는 사실이 자랑스러웠다. 또한 자신이 추구하는 바가 있으면 어려운 상황에서도 밀고 나가는 추진력도 보였다. 기득권과 갈등을 두려워하지 않는 뚝심도 대단해 보였다. 이런 김승환 교육감의 모습은 교사들이 말하는 착한 학생의 모습과는 거리가 멀다.

인성이란 비판적 사고를 하며 남을 배려하면서 자기의 생각을 표현하고, 타인의 입장에서 생각할 줄 알며, 자신과 다른 타인의 생각을 수용하는 태도라고 생각한다. 인성 교육은 '신뢰'할 수 있는 사회를 만드는 것이다. 인성교육진흥법에서 인성 교육은 자신의 내면을 바르고 건전하게 가꾸고 타인·공동체·자연과 더불어 살아가는 데 필요한 인간다운 성품과 역량을 기르는 것이라고 하였다. 그것은 진정성 있는 생각과 태도에서 나온다.

토론 후 아침을 먹으며 미처 토론시간에 풀지 못한 질문을 하였다. 비판적 사고가 중요하다는데, 나는 어렸을 때 친척 어른들이 대화하고 계실 때 내 의견을 말하면 어른들은 "어른들 말하는데 어딜 끼어드느냐! 넌 방에 들어가라"라고 하였다. 학교에서도 내 의견을 이야기하면 "선생님 말에 말대꾸를 하느냐. 어딜 똑바로 쳐다보느냐!"라고 꾸중을 들었다. 사회에서는 "나이가 어린 것이 당돌하다. 요즘 애들은 웃어른 대우를 안해준다"라는 말을 들었다. 그래서 나는 나의 생각이 다른 사람과 다르다는 걸 이야기 하려고 하지 않는다. 최대한 숨긴다. 자녀나 사회, 학생과의 대화에서 이런 상황에 있었던 때가 있었는지, 그럴 때 어떻게 대처해야 하는지 질문을 하였다.

백제직업전문학교 이영식 이사장은 가끔 딸들과 의견이 다를 때가 있는데, 그럴 때는 "만약 네가 결정한 선택을 하면 어떤 결과가 나타날까?"라고 질문하며 대화를 한다고 한다. 그러면 많은 문제가 풀리는 경험을 하였다고 한다.

세븐틴 디노의 아버지이자 익산에서 댄스 스쿨을 운영하는 이진성 선생님은 "가끔 아이들과 대회 준비를 하며 갈등을 겪는다. 한 아이가 안무에 태클을 걸어 화가 났었다. 그 당시에 화가 나서 한마디 했는데, 책을 읽으며 곰곰이 생각하니 잘못했다는 생각이 들었다. 아이에게 사과를 하며 좋은 의견이 있으면 언제든지 말해 달라고 하니 아이의 태도도 좋아졌다"라고 하였다.

이영식 이사장은 "그러나 일을 추진함에 있어 준비 - 실행 - 평가 단계를 아이들에게 인지시켜야 한다. 준비하는 단계에서는 얼마든지 의견을 제시하고 수정하고 대화를 해야 한다. 하지만 실행에 들어갔을 때는 수정할 수 없음을 아이들과 공유해라. 만약 잘못된 것이 있으면 평가 단계에서 문제점을 공유하고 대안을 만들고, 다음 작품에 반영하라"라고 조언해주셨다. 아침 식사를 하며 나눈 대화에서 진정한 인성의 의미가 느껴졌다. 인성은 나의 생각과 타인의 생각을 존중할 줄 아는 사고, 태도, 행동이다. 또한 공동체를 생각하는 품성이다.

이를 위해서 나와 다른 의견을 가진 사람과 대화를 할 때 윽박지르거나 권위로 누르는 것이 아닌 수용하고 개선되는 문화가 필요하다. 착한 아이 만들기가 인성 교육이 아니다. 인성 교육은 비판적 사고를 통해 다른 사람을 배려하면서 자신의 의견을 정중하게 말하는 방법을 배우고, 또한 나와 다른 의견을 수용할 줄 아는 교육이다. 나와 너 그리고 우리 모두를 생각하는 품성을 기르는 것이다.

02

실력과 인성을 키우는
멘토링 자원봉사

기원전 1200년경 고대 그리스의 이타카 왕국의 왕이자 모험가인 오디세우스 Odysseus는 트로이 전쟁에 출정하기 위해 그의 아들을 가장 믿을 만한 친구에게 부탁하게 되었는데, 그의 이름은 멘토르Mentor였다. 그 후 오디세우스가 전쟁에서 돌아오기까지 그의 아들 텔레마코스Telemachus의 스승, 친구, 상담자, 아버지, 보호자 역할을 지혜롭게 수행했다. 그 후 서양에서는 스승을 가리켜 멘토mentor라고 부르게 되었다.

— 김수임 · 윤숙경 · 이자명 · 신선임 · 김은향 · 신미라 공저
《청소년 멘토링 길라잡이》중에서

멘토는 나의 인생을 성공으로 이끌어주는 사람이다. 멘토는 주변 사람이 될 수도 있고, 내가 좋아하는 저자, 위인이 될 수도 있다. 멘토는 내가 어떠한 한계에 부딪혔을 때, 앞으로 나아갈 수 있도록 힘을 준다. 직장에서, 사회에서 나를 이끌어주는 사람이다. 또한 멘토는 타인 앞에서 나의 장점과 강점을 칭찬해준다. 나의 업적을 제대로 평가해주고 입소문도 내준다.

인생에 성공한 사람들은 대부분 멘토가 있다. 워런 버핏은 벤자민 그레이엄 교수를 만나면서 가치투자에 대해 배웠고, 스티브

잡스는 인텔 창업자 로버트 노이스를 영적인 아버지로 삼아 성장하였다. 멘토의 생각과 행동을 모델로 삼아 성공 요인을 배울 수 있다는 점에서 인생에 멘토가 있다는 것은 정말 큰 행운이다.

내가 멘토로 생각하고 있는 《더 시너지》의 저자 유길문 데일카네기 전북지사장은 평생교육 전문가가 되고 싶다는 나의 말에 "전문가가 무엇인가요? 어떤 전문가가 되길 바라나요?"라는 질문을 통해 나를 깨우치게 해주셨다. 그 질문을 통해 석사학위논문의 주제를 정할 수 있었다. 또 책쓰기 코칭을 권유해 내가 이 책을 쓸 수 있도록 도와주셨다. 책쓰기는 내가 상상해본 적도 없는 일이었다. 그동안 책쓰는 사람들은 특별하고 나와는 다른 세계에 있는 사람인 줄 알았다.

멘토는 적절한 질문을 통해 멘티의 능력을 이끌어낸다. 내가 생각하는 훌륭한 멘토는 언행일치가 되면서 상대방의 성공을 진심으로 응원하는 사람이다. 내 주위에는 훌륭한 멘토들이 많다. 돈이 없어 힘든 신혼 시절에 아이의 잠재력을 끌어올리는 교육 방법을 연구해 책으로 낸 《퀀텀리프》의 저자 윤현주 선생님, '정말 대박이야'를 외치며 상대방의 장점을 찾아 말로 표현하는 데일 카네기 전북지사 오미영 실장님, 이 책의 콘셉트를 잡아준 《헌혈, 사랑을 만나다》의 저자 이은정 선생님, 나의 원고가 더 좋은 글이 될 수 있게 코치해주신 《이제는 오감대화다》의 저자 오경미 선생님,

수만 번의 거절 속에서도 굴하지 않는 불굴의 의지를 보여준 《거절을 거절하라》의 저자 유준원 대표님, 생각과 말과 행동으로 내가 원하는 바를 이룰 수 있도록 도와주신 서민정 NLP 코치님, 서평 쓰기를 잠시 중단하자 서평을 못 읽게 되어 너무 서운하다며 꼭 다시 쓰기를 기대한다고 응원해주신 리더스 회원들, 유튜브를 통해 저자들의 핵심 메시지를 전달하는 김새해 작가님, 언니의 독설로 방향성을 제시해주는 김미경 작가님. 여기에 다 쓸 수 없어 죄송한 마음이 들 정도로 정말 보고 배울 멘토들이 많다. 잘난 사람들은 많지만 상대방의 성장과 성공을 응원해주는 멘토들은 드문데 나는 참 운이 좋은 편이다.

만약 내가 청소년이었을 때 나에게 힘을 주고, 내 장점을 찾아주고, 할 수 있다고 응원해주는 멘토가 있었다면 지금의 나는 어떻게 변해 있었을까? 그래서 내가 아이들에게 도움이 되고 싶었다. 그래서 시작한 것이 멘토링 자원봉사 프로그램이다.

멘토링 자원봉사 프로그램은 서로 함께 멘토, 멘티가 되어 잘하는 걸 나누자는 의미이다. 예를 들어 A라는 학생이 수학을 잘하고, B라는 학생이 영어를 잘하면 서로에게 수학 선생님, 영어 선생님이 돼 노하우를 가르쳐 주는 것이다. 수학이나 영어 교과 외에도 진로 상담, 학교 생활 노하우, 연애 상담 등 다양한 멘토링 자원봉사 프로그램을 진행한다.

멘토링 자원봉사 프로그램의 멘토가 되기 위해서는 꼭 학습적인 것만 가능한 것이 아니다. 만약 메이크업을 잘한다면 친구들이나 어르신들께 메이크업 꿀팁을 알려주는 멘토링도 가능하며, 직접 가서 메이크업을 해주는 자원봉사도 가능하다. 만약 악기를 잘 다룬다면 악기를, 태권도를 잘한다면 태권도를 가르쳐 줄 수 있다. 아이들의 장점과 잘하는 것을 끄집어 내어 멘토링 프로그램을 진행할 수 있게 도와주는 것이 어른들이 할 역할이다.

멘토링 자원봉사는 누가 일방적으로 베풀듯이 하는 과거의 자원봉사 개념이 아니다. 서로 상호작용하며 함께 배우고 성장하는 과정을 통해 공동체 의식을 함양하는 새로운 개념이다. 멘토는 가르치기 위해 준비하는 과정에서 배우고, 멘티는 그런 멘토의 노하우를 배우면서 도움을 받는다. 형제가 없는 아이는 멘토링센터에 와서 다른 형, 누나들을 보고 배울 수 있다.

멘토링 자원봉사의 이점은 또 있다. 자신의 진로와 관계있는 내용으로 꾸준히 할 수 있다는 점이다. 학생부 종합전형은 진로를 어떻게 준비했는지도 평가한다. 자원봉사를 얼마나 꾸준히 했는지가 중요하다. 한 시간을 해도 매주 지속해서 자원봉사를 했다는 사실로 그 학생의 성실성과 인성을 판단할 수 있기 때문이다.

학교 제도는 학생들에게 의무적으로 자원봉사를 하도록 부여하고, 진학의 평가요소로도 활용한다. 문제는 멘토링 자원봉사를 할 공간과 관리해주는 멘토링 자원봉사 매니저가 없다는 것이다. 그래서 많은 아이들이 진로와 상관없는 단발적인 자원봉사를 하고 있다. 쓰레기 줍기, 도시락 배달하기 등이다. 이러한 자원봉사가 얼마나 아이들에게 도움이 될까? 얼마나 인성을 함양할 수 있을까?

그래서 멘토링 자원봉사를 할 수 있는 공간을 최대한 많이 확보해야 한다. 도서관, 교회는 주말에도 운영을 하니 최적의 장소이다. 도시의 유휴공간을 기부받아 멘토링 센터로 활용하는 것도 좋을 것이다. 학교에도 또래 멘토링 공간를 확보하고, 경력단절 여성·노인 인력을 멘토링 자원봉사 매니저로 양성해 주말에 운영할 수 있도록 지원해준다면 일자리 창출까지 되는 선순환 시스템이 될 것이다. 또한 국가적으로 주민의 근거리 평생학습센터인 행복학습센터를 2014년부터 지원·운영했다. 행복학습센터에는 학습장과 평생교육프로그램을 운영·관리하는 행복학습센터 매니저가 있다. 이들을 재교육시켜 활용하는 건 어떨까?

군산시는 방학기간을 활용해 세대 간 소통과 공감을 활성화하고자 '청소년과 더불어 공부하기 프로젝트'를 운영한다. 학생들이 문해교육 기관에서 할머니들에게 한글을 가르쳐주는 자원봉사를 할 수 있는 시스템이다. 처음 아이들이 왔을 때는 쭈뼛쭈뼛하다가 할머니들에게 한글을 가르쳐주며 자신감이 오르고, 할머니를 이해하는 마음이 생겨 자원봉사를 마친 후에도 할머니와 편지까지 주고 받는다고 한다.

전주시 야호학교도 2018년부터 멘토링 자원봉사 프로그램의 일환으로 나래 프로젝트를 실시하고 있다. 아이들의 꿈을 바탕으로 장점과 긍정적인 경험을 끄집어내서 자원봉사 프로그램을 스스로 기획할 수 있게 코칭한다. 코칭받은 아이들 중 한 팀은 '바른 쓰기 캠페인'을 기획해 청소년들의 언어 사용 실태를 조사하였다.

멘토링 자원봉사를 매주 했던 U군은 서울대 자연과학대학 생명과학부, 전북대학교 의대, 고려대학교 생명과학대학, 카이스트, 포항공과대학교 생명과학과를 수시로 동시에 합격한 인재다. U군은 멘토링으로 다양한 사람들과 생각을 나누며 새로운 사실을 알게 되고, 힘들 때 위로해 줄 수 있는 사람이 있다는 점이 힘들었던 고3 생활을 이겨내고 성격이 긍정적으로 변할 수 있었던 원동력이라고 했다. 서로 시너지를 내기 위해 노력하면서 가져온 변화는 우리가 바라는 인재의 모습일 것이다.

멘토링 자원봉사는 아이들이 꿈과 진로·인성·실력 등 세 마리 토끼를 한 번에 잡을 수 있는 기회이다. 다양한 내용을 서로 가르쳐주고 성장할 수 있다. 인성 교육 시간에 외부강사를 부르는 것보다 역량 있는 학생을 일일교사로 임명해, 친구나 후배에게 학

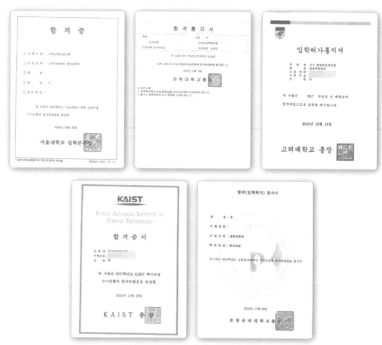

습 멘토링 자원봉사를 할 수 있도록 하면 동기부여도 되면서 동시에 인성·실력이 올라갈 수 있을 것이다.

　　교사는 진로검사와 상담을 통해 학생의 강점을 찾아주고, 멘토링 자원봉사 계획을 세울 수 있도록 도와주어야 한다. 멘토링 자원봉사를 하고 난 후에는 멘토링 자원봉사 보고서를 항상 작성하게 하여 글쓰기 실력도 키우고 기록하는 습관도 기를 수 있도록 하자.

03

멘토링 자원봉사로
꿈과 인성을 키우는 아이들

어떤 것을 완전히 알려거든
그것을 다른 이에게 가르쳐라.
− 트라이언 에드워즈

∞∞ 이현(공주교대)의 과학실험 멘토링 ∞∞

이현 멘토는 보령의 낙동초등학교에 근무하시는 선생님이다. 멘토링 자원봉사를 하던 당시에는 공주교육대학교에 재학 중인 학생이었다. 멘토링 자원봉사 전 진로검사를 통해 멘토의 강점을 파악하였다. 멘토의 적성검사 결과는 사교성이 높고, 신체운동지능, 논리수학지능, 음악지능이 강점이었다. 이현 선생님은 이미 좋은 선생님이 될 자질을 갖추고 있었다.

상담 시 '더 좋은 교사가 되기 위해 무엇을 해야 할까?'에 초점을 맞춰서 상담했다. 교사가 되기 위해서는 임용시험에 합격해야 한다. 교대 임용시험 합격률은 2대 1 정도라고 했다. 우리는 한 번에 합격할 수 있도록 지금부터 무엇을 준비해야 할지 의논했다.

임용시험 절차에 대해 물어보니 초등교사 임용시험은 1차 시험에서 교직논술, 교육과정, 한국사능력검정시험을 본다. 2차 시험은 교직적성 심층면접, 교수·학습 과정안 작성, 수업시연, 영어면접 및 영어수업 시연으로 이루어진다. 그렇다면 강의시연을 연습하기에 서로 배우고 가르치는 멘토링 자원봉사가 가장 최고의 방법이지 않을까? 그래서 우리는 그의 전공 과목인 과학으로 멘토링 자원봉사를 계획했다.

그가 계획한 멘토링 자원봉사 프로그램은 초등학교 고학년을 대상으로 '재미있는 과학실험'이었다. 과학의 여러 분야(물리, 화학, 생물, 지구과학)들에 대해서 초등학생 아이들이 흥미를 가질 수 있도록 생활 속에서 과학의 원리를 찾고, 여러 가지 실험을 통해서 탐구 능력을 기르는 것을 목표로 했다. 과학 원리와 간단한 실험을 통해 재미있게 과학에 접근할 수 있게 한 것이다.

멘토링은 2016년 7월 2일부터 매주 토요일 오후 4~5시 4주차로 진행되었다. 1주는 공기저항 설명 및 고리 비행기 만들기, 2주는 용액의 농도 설명 및 무지개 물탑 쌓기, 3주는 곤충·동물·식물의 한살이 알아보기, 4주는 지층 변화(습곡, 단층) 설명 및 지층 모형 만들기로 계획하였고 반응은 폭발적이었다. 순식간에 정원

10명이 접수되었다.

이현 멘토는 4시간이나 먼저 와서 멘토링을 준비했다. 처음하는 멘토링이라 긴장을 많이 했다. PPT도 준비하여 저항과 공기저항의 개념, 저항을 줄이기 위한 방법, 저항을 늘리기 위한 방법, 단면적의 개념, 종이비행기가 날아가는 원리를 설명하며 고리비행기가 날 수 있는 이유에 대해 설명했다. 또한 아이들과 같이 고리비행기를 만드는 실습도 진행해 실제 어떻게 고리비행기가 작동하는지 알아보았다.

멘토는 아이들에게 "저항이 뭘까?"라고 질문을 하며 아이들이 저항의 개념에 대해 쉽게 접근할 수 있도록 했다. 한 아이는 "고리비행기가 우주까지 날아갈 수 있어요?"라고 질문했다. 네가 나중에 커서 꼭 만들어보라고 웃으며 말했다. 혹시 아는가? 지금의 이아이가 우주선을 만들어내게 될지!

이현 멘토는 처음 멘토링을 하는데도 설명도 차근차근 잘하고, 준비도 잘 해왔다. PPT와 실험을 통한 멘토링을 진행해 아이들이 무척 좋아했다. 더 좋은 멘토링을 위해 다음에는 아이들과 자기소개를 하며 조금 친해지는 시간을 갖는 것과 아이들이 시끄럽게 할 때 통제하는 기술, 수업 후 스스로 물건을 정리정돈 할 수 있게 안내하기를 신경쓰면 좋을 것 같다고 피드백했다. 이번 멘토링을 통해 멘티들만 도움을 받은 것이 아니라 멘토 역시 성장했을 것이다. 멘토링 자원봉사는 멘토와 멘티가 같이 성장하도록 돕는 시스템이다.

∞∞ 멘토링 매니저가 된 지호 ∞∞

2015년 9월. 멘토링 자원봉사를 하고 싶다고 방문한 학생이 있었다. 그 학생의 이름은 김지호. 처음 지호를 보았을 때 '잠시 자원봉사를 하다 말겠지'라고 생각했다. 그런데 꾸준하게 자원봉사를 실시했다.

지호는 주말마다 멘토링 자원봉사자를 관리했다. 처음 온 학생들은 멘토링 자원봉사의 개념에 대해 잘 모르기 때문에 초기상담을 진행한다. 멘토링 자원봉사는 2명 이상의 학생이 멘토 - 멘티가 되어 서로 같이 공부하며 모르는 걸 알려주는 자원봉사다. '서로 잘하는 걸 나누고 함께 성장하자'라는 개인의 성장과 공동체의 행복이 결합된 자원봉사이다.

보통 학생들은 멘토링 자원봉사에 대해서 자신이 멘토가 되어 어려운 소외계층 아이들을 돕는 것이라고 생각한다. 그러나 이 공간에 오면 거의 멘티가 된다. 배워야 할 게 더 많기 때문이다. 그러나 멘토링 자원봉사를 할 때 멘토, 멘티가 고정되지 않는다는 것을 유념해야 한다. 멘토링 자원봉사는 상황에 따라 멘토가 되기도 하고, 멘티가 되기도 한다. 서로 잘하는 것, 못하는 것이 다르기 때문이다. 따라서 4살짜리 아이에게도 배울 수 있는 것이다. 그러한 개념을 지호는 학부모와 학생들에게 친절하게 상담해준다.

또한 지호는 화학, 물리, 생물 과목으로 멘토링 자원봉사를 한다. 워낙 꼼꼼하게 가르쳐 거의 과외 선생님처럼 멘토링을 진행한다. 공부만 잘하는 것이 아니라 피아노도 잘 치고, 작곡도 잘해서 작년 송년의 밤 행사를 진행할 때 직접 작곡한 곡으로 식전공연을 하였다. 이렇게 다재다능한 지호가 성실함까지 갖춰 멘토링 오는 학생들에게 인기가 많다.

자기 공부하기에도 바쁜 지호가 왜 자기 시간을 할애하며 멘토링 자원봉사 및 상담 & 관리 자원봉사를 하는지 물어보았다. 지호는 다른 곳에서도 자원봉사를 해봤는데 자원봉사자를 존중해주는 곳은 없었다고 했다. 아르바이트생보다도 못한 대우를 받으며 실망감을 느낀 적도 많았다고 한다. 하지만 이곳에서의 멘토링 자원봉사는 존중받으며 멘토와 멘티의 유대관계가 형성되어 오히려 자신이 정서적으로 치유 받을 때가 많다고 한다. 또한 혼자 공부를 하다 보면 심적으로 많이 지치게 되는데, 주말에 아이들과 같이 공부도 하고 상담을 하면서 마음의 여유가 생기게 된다고 했다.

다른 학생들도 지호처럼 멘토링 자원봉사로 자신의 전문성을 키우고, 진로를 찾아가며 정서적 치유도 받았으면 좋겠다. 멘토링 자원봉사는 서로 돕고 성장하며 인성과 전문성이 함께 성장하는 기회가 된다. 그리고 새가 훨훨 날기 전에 수많은 연습이 필요하듯, 아이들이 사회로 나가기 전에 연습하는 시간이 되기를 희망한다.

직업 전문인 멘토링 사례

농생명분야 진로 멘토링
- 멘토 : 정성옥(꽃피는 집 운영, 농촌진흥청 농업과학관 원예강사)
- 일시 : 2016년 6월 12일(일) 14:00~15:30

좋아하는 일로 먹고 살 수 있을까?
정성옥 멘토의 대답은 "Yes!"이다

고등학교를 졸업하고 정성옥 멘토는 은행에 취업했다. 그러나 돈 냄새가 정말 맡기 싫었다. 결혼을 하고 은행을 그만두고 좋아하는 일을 하자고 생각했다. 어렸을 적 농사를 지어봤기 때문에 꽃과 작물에 관심이 갔다. 그래서 전주시 농업기술센터 주말농장 텃밭을 분양받아 수박도 심고, 감자, 블루베리도 심었다. 그동안 많이 먹었던 것들인데, 그 꽃들은 처음 보았다. 하얀 감자꽃이 얼마나 이쁜지 그때 꽃의 매력에 푹 빠졌다.

꽃이 너무 좋아서 꽃집을 차렸다. 꽃과 커피가 함께하는 공간으로 꾸몄다. 그 공간이 너무 좋아 집보다 그 공간에 있는 시간이 더 많았다. 공부 욕심이 났다. 좋아하는 일에서 전문가가 되고 싶었기에 화훼장식기능사, 플로리스트, 조경기능사, 화훼장식기사, 국토개발기술자, 조경초급기술자, 복지원예사, 도시농업지도사, 방과 후 지도사 등 관련 자격증을 공부했고, 농생명 관련 석사논문도 마쳤다.

꾸준히 조금씩 조금씩 공부하고, 실력을 쌓아 꽃으로 강의를 시작했다. 인문학과 꽃을 접목시켜 강의를 하고, 꽃과 관련된 역사를 스토리텔링하며 실습을 진행하니 반응이 좋았다. 주변 사람들이 점점 더 찾아주기 시작했다. 미니정원 만들기 프로그램은 작은 화단 밑에 바퀴를 달아 이동이 가능하게 하고, 계절별로 분갈이를 할 수 있도록 해 꽃을 바꾸며 즐길 수 있어 인기가 좋은 프로그램이다. 또한 일을 할 때 정성을 다해 믿음과 신뢰를 주니 농촌진흥청 청장님의 사무실의 꽃과 화분도 관리하게 되었다.

이날 정성옥 멘토님이 소영이라는 학생을 소개했다. 소영이(전주성심여고)는 원장님과는 전혀 알지 못하는 사이였는데, 꽃을 좋아해서 관련 일을 하고 싶어 매주 토요일 1년여간 원장님이 운영하는 '꽃피는 집'에 와서 원장님이 어떻게 일하는지 관찰하고 꽃에 대해 공부하고 있는 학생이라고 했다. 너무 기특해서 제자로 키우고 싶다고 하며 여러분도 좋아하는 일을 찾아 '문을 두드리라'고 말했다. 전혀 아는 분이 아니더라도, '배우고자 하는 자세와 꾸준함, 성실함이 있다면 어른들은 기특해서 받아 줄 것이다'라고 했다.

정성옥 멘토가 학생들에게 당부하고 싶은 말은 두 가지이다. 첫째는 '신용을 쌓아라'이다. 원장님은 홍보도 할 줄 모르고, 다른 사람들에게 꽃집 한다는 것을 알리지 않았는데도, 주변 사람들이 알고 찾아준다. 일을 맡으면 끝까지 꼼꼼하게 해내기 때문에 믿고 맡긴다. 그렇기에 고객은 전화 한 통으로 "원장님이 알아서 해주세요"라고 한다. 고객이 무엇을 원하는지 욕구를 채워주고, 성실하게 할 때 일이 들어온다.

둘째는 '꾸준한 공부로 창의성을 발휘하라'이다. 이 세상에 할 일이 무궁무진하다. 꽃과 인문학을 결합시켜 나만의 강의를 만들고, 직장인 힐링 프로그램으로 안개꽃을 염색하여 엽서 만들기를 진행했다. 8년 전 시들지 않는 꽃, 프리저브드 플라워를 선물받았는데 아직까지도 시들지 않고 원장님 책상 위에 있다. 너무 신기해 프리저브드 플라워도 공부했다. 원예치료지도사는 수요가 계속 증가하고 있고, 도시농업전문가 과정 역시 앞으로 비전이 있다. 내가 좋아하는 분야에서 공부한 것을 결합시켜 시너지를 내면 나의 큰 자산이 될 것이다.

나 역시 정성옥 멘토와 의견이 같다. '좋아하는 분야'를 선택하고, '신용'과 '꾸준한 공부'는 전문가로 가기 위한 필수적인 조건이다. 정말 할 수 있는가가 핵심이다. 스펙만 쌓고, 그럴듯하게 나를 포장해봐야 포장지를 뜯으면 금방 탄로가 난다. 전문가의 핵심은 '성과'이다. 성과를 내기 위해서는 '정말 할 수 있는가'가 기본이고, '남들과 다른 차별성'이 그다음이다.

종종 학생부 종합전형의 부작용 사례가 나타난다. 선생님이 학생과 가담하여 교내 수상 실적을 조작하고, 아이의 스펙을 위해서 부모가 컨설팅업체에 거금을 주고, 아이 이름으로 사회적기업을 만들어 준다는 기사를 본 적도 있다. 하지만 그런 인생이 인정받을 수 있을까? 자신감을 가지고, 자부심을 가지며 살 수 있을까? 교사와 부모가 정말 아이를 위한다면 아이가 좋아하고, 잘할 수 있는 분야에 대해 경험을 쌓을 수 있게 판을 깔아주고, 동기부여 해주는 것뿐이다.

아이가 관심 없는 분야는 학습 동기도 생기지 않는다. 학습 동기가 생기지 않으면 나만의 필살기가 만들어지지 않는다. 나만의 필살기가 없다는 말은 언제든지 대체될 수 있다는 말이다. 그래서 교사는 아이들이 어떤 분야를 좋아하고 흥미 있어 하는지 파악하고 학습과 연결해 줄 수 있어야 한다.

소방공무원 진로 멘토링
- 멘토 : 한태현(소방관)
- 일시 : 2016년 1월 31일(일) 10:00~11:00, 2016년 7월 16일(토) 14:00~15:00

나에 대해 알고 진로를 선택해야 하는 이유

한태현 소방관의 전직은 생물교사였다. 생물교육과를 졸업하고 기간제 교사를 했는데, 학생을 가르치는 게 적성에 맞지 않다고 느꼈다. 그래서 공무원 시험을 준비했다. 노량진에 올라가 시험 공부하는 6개월 동안은 오로지 공부에만 집중했다.

그러다가 소방공무원 시험을 보게 되었다. 사실 소방공무원은 전혀 생각해 본 적이 없었다고 한다. 그런데 소방공무원 필기시험에 합격한 후 너무 기뻤다고 한다. 그러나 부모님은 위험할 것 같아서 소방공무원이 되는 것을 반대하셨다.

하지만 이상하게 시험에 합격하고 나니 소명감이 생겼다. 소방관은 타인의 생명을 직접적으로 구해주고, 도와주는 직업이라고 생각하니 자긍심이 생기면서 더욱더 포기할 수 없었다. 지금은 안전센터에서 근무를 하면서 국민의 생명을 지키고 있다. 그때의 고민을 청소년들에게 말해주고 싶어 멘토링을 진행하게 되었다.

이날 어떤 직업을 선택할지에 대한 이야기뿐 아니라 소방서의 역할, 부서, 소방관이 되는 길, 방화복 입어보기 체험 등을 통해 청소년들이 꿈에 더 가까이 다가갈 수 있도록 멘토링을 진행하였다. 멘토링에 참가한 학생들은 소방관도 보험에 가입이 되는지, 사고 현장 등에 많이 노출되면 우울증이 많을 것 같은데 어떻게 극복하는지, 소방관 시험 시 체력 시험 수준은 어느 정도인지, 소방관이 되기 위해 무엇을 준비해야 할지에 대해 여러 가지 질문을 하였다.

이날 멘토링을 하기 전에 멘토의 진로검사를 해보았다. 검사 결과 다중지능검사는 신체운동지능이 높고, 홀랜드 검사에서 현실형(R)이 높게 나왔다. 신체운동지능이 높다는 것은 사물을 능숙하게 조작하고 자신의 몸을 사용하는 능력도 탁월하다는 의미이다. 현실형(R)은 신체활동과 운동을 좋아하고, 소박하고 말이 적으며 성실해 기계를 잘 다루는 유형이라고 보면 된다. 왜 그가 생물교사를 포기하고 소방관을 선택했는지 이해가 됐다.

만약 그가 중고등학생 때 진로검사를 했다면 생물교육과를 선택하지 않고 소방행정학과나 경찰행정학과를 선택했을 수도 있었을 것이다. 멘토의 사례처럼 적성에 맞지 않는 진로는 결국 포기하게 된다. 그러니 부모의 욕심으로 아이의 진로를 지도해도 소용이 없다. 사람은 결국 자신이 좋아하는 일을 선택하게 된다. 15

세 즈음에 적성에 맞는 진로를 찾아 경험과 역량을 키우는 인재가 더 성공할까, 부모님이 선택해준 길을 가다가 대학교를 졸업하고 25세가 되어서야 진로를 찾아 직업을 선택하는 것이 더 성공할까? 적성에 맞는 진로를 찾아주는 것이야말로 시간과 돈, 노력을 아끼는 최선의 방법이다.

05

바다를 건너는 고래의 힘
독서토론

> 책을 왜 읽는가, 묻는다면 궁극적으로 비판적 사고를 기르기 위해서라고 대답하
> 겠습니다. 비판적 사고는 늘 근거를 찾고, 다른면에서 보려고 하고, 자기가 안다
> 고 생각하는 것까지 반성하는 태도입니다. 책은 읽는 사람에게 즐거움을 주고 지
> 식의 보물창고이기도 하고 아픈 영혼의 치유제이기도 합니다만, 무엇보다 중요한
> 것은 비판적 사고를 통해 우리가 '생각하는 시민'으로 살아갈 수 있게 해줍니다.
> – 오준호의 《소크라테스처럼 읽어라》 중에서

정읍여고에 독서토론 특강을 나가게 되었다. 총 2차시로 진행
되었는데 1차시는 독서토론이란, 독서토론의 필요성, 논제만들기
에 대해서 진행했고, 2차시는 실제로 책을 선정해 독서토론을 진
행하였다. 1차시의 이론 강의도 강의식으로 진행한 것이 아니라
질문을 통해 아이들이 스스로 생각할 수 있도록 했다.

독서토론의 필요성을 알기 위해 먼저 우리 미래가 어떻게 바
뀔 것인지 생각해보는 시간을 가졌다. 인공지능 로봇 페퍼가 사람
하고 대화하는 영상을 보여줬더니 아이들은 처음 봤다고 했다. 페
퍼가 200만 원이라고 하니 놀라움을 감추지 못했다. 앞으로 20~

30년 후에 인공지능이 우리의 일자리를 대체할 가능성이 큰데, 앞으로 미래를 준비하기 위해서 필요한 능력이 무엇일까에 대해 같이 생각해보았다.

미래를 내다볼 수 있는 통찰력, 필요한 정보를 조직할 수 있는 사고력, 다른 사람과 다르게 볼 수 있는 안목, 현실을 직시하며 자신의 생각을 관철시킬 수 있는 논리력, 나에게 유리한 전제로 제대로 된 질문을 할 수 있는 능력 등 다양한 대답을 했다. 의사소통능력, 대인관계능력, 정보능력, 문제해결능력 등 사회에서 요구하는 기초능력도 필요하다고 했다.

이런 능력을 키우기 위해서 가장 좋은 방법은 무엇일까? 그것은 바로 독서토론이다.

나 역시 독서토론에 참여하면서 달라진 점이 있다면 생각의 범위가 넓어진 것이다. 생각의 범위가 넓어졌다는 의미는 질문을 할 수 있는 힘이 생겼다는 뜻이다. 나는 책을 읽고 서평을 쓰면서 생각을 정리한다. 책에서 가장 인상 깊었던 구절에 내 생각을 더하면서 이렇게도 생각하고 저렇게도 생각해본다. 관련된 책이나 뉴스, 경험을 검색해 책과 연결시키기도 한다. 서평을 쓰기 위해 저자, 책의 시대적 배경도 찾아보며 역사를 배우기도 한다. '아Q정전(루쉰)'을 읽으며 중국과 대만의 관계를 알게 되어, 쯔위 사태도 이해하게 되었다.

또 달라진 점은 역경을 이겨내는 힘이 강해진 것이다. 독서토론 모임은 남녀노소 누구나 참여할 수 있다. 성장하고 싶다는 목표를 가지고 긍정적인 마음으로 참여하기에 서로 어려운 점이 있으면 이야기를 들어주기도 하고, 힘을 내라고 응원해주기도 한다. 직장에서 인간관계의 갈등으로 나의 장점들이 다 고갈되고, 우울증에 걸려 죽고 싶다는 생각에 빠져 하루 종일 울고 있을 때 "쌤! 힘내세요! 우리 밥 한 번 같이 먹어요!"라며 위로를 해준다. 또한 의미전환기법에 대해 설명해주면서 지금 겪는 일은 손바닥과 같아서 뒤집으면 아무것도 아니라는 점도 일깨워주었다.

이것은 요즘 유행하는 사람 책과 같은 것이다. 각자 겪었던 어려움, 고난, 역경을 헤쳐나간 스토리를 듣고 있으면 나도 힘이 난다. "누구 좋으라고 이렇게 괴로워하느냐!"라고 따끔하게 혼내주기도 하고, "정말 힘들었겠다. 뭐 그런 사람이 다 있느냐"라며 같이 공감해주기도 한다. 모두 책을 많이 읽어서 혜안을 가지고 핵심을 끄집어내어 나의 머리가 번쩍 뜨이게 한다.

아이들과 '상처의 인문학(김욱)'을 읽고 '사는데 부족함이 없다는 것의 의미', '자신의 꿈은 무엇이고, 왜 되고 싶은지', '왜 우리는 나와 상관없는 자들을 도우며 살아야 하는지', '어떻게 하면 나와

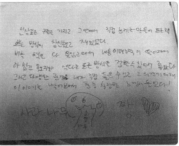

독서토론 후 아이들의 피드백

맞지 않는 자들과도 공존할 수 있을지', '진정한 성장이란 무엇인지'를 함께 토론하였다. 아이들은 이런 문제를 처음 생각해봤다고 했다. 아이들은 친구들과 다양한 관점을 나누면서 성장한 기분이 들었다고 했다.

    나를 비롯한 요즘 청년세대는 한국 사회를 취업, 결혼, 출산 등을 포기하며 살아야 하는 헬조선이라고 칭한다. 그리고 이 세상은 더 나아지지 않을 것이라며, 자신들이 가장 불행한 세대라고 생각한다. 정치인과 미디어, 기업은 자신들의 이익을 위해 이러한 불안감을 더 증폭시킨다. 나도 헬조선이라는 생각에 동의했다. 그래서 세상을 냉소적으로 보기도 했다. 노력해도 나아지지 않을 것이라고 생각했기 때문이다. 그런데 괴테의 파우스트를 읽고 생각이 달라졌다.

장군 : 누가 국민을 믿을 생각이 나겠소. 그렇게도 많은 공을 그들을 위해 세웠는데. 평민들이란 마치 계집들 같아서 줄곧 젊은 놈들만 죽자 사자 한단 말이오.

재상 : 현대는 너무나 궤도를 벗어나고 있소. 앞 시대 사람들이야 훌륭했죠. 사실 우리가 무슨 일에건 중용되었던 시절이 참다운 황금 시대였었지요.

벼락부자 : 우리들 역시 사실 어리석지는 않았지요. 그래서 해선 안 될 짓도 자주 하긴 했지요. 하지만 막 한몫 단단히 움켜쥐려는 판국에 세상이 홀러덩 뒤집혀 버리고 말았지요.

작가 : 요즈음 온건하고 현명한 내용의 책 같은 것을 읽고 싶다고 생각하는 사람이란 없단 말이오. 게다가 요즈음 젊은 놈들 말이지만 이처럼 건방진 때는 없었으니까요.

메피스토가 파우스트를 마녀들의 환락제로 끌고 가 정욕으로 그를 사로잡으려고 한 〈발푸르기스의 밤〉의 대화의 일부분이다. 어떤가? 현대인이 느끼는 감정과 유사하지 않은가? 어쩌면 세상은 원래 이런 세상이었던 것이 아닐까? 우리는 없는 이상향을 그려놓고 그렇게 되지 않으면 절망하고, 무력감을 느끼고 있는 게 아닐까? 사실 우리가 할 수 있는 것은 '오늘을 즐기며 현재에 충실하고, 하고 싶은 일을 위해 노력하는 것이 아닐까'라고 생각한다. 내가 제일 좋아하는 단어인 '카르페디엠(오늘을 즐겨라)'처럼 말이다.

고전을 통해 얻은 것은 현실을 제대로 바라볼 수 있는 힘이 생긴 것이다. 세상을 탓해봤자 무엇이 바뀔까? 바뀌는 건 아무것도 없다. 세상 사람들이 가진 불만은 과거에도 현재에도 미래에도 변하지 않을 것이다. 자본주의 시대를 욕하지만 예전에도 돈과 권력에 따라 세상이 돌아가는 것은 마찬가지였고, 신분으로 인해 아예 기회조차 없었던 세상이었다. 그러나 지금은 내가 공부하고자 하면 할 수 있고, 해외여행도 얼마든지 갈 수 있고, 먹고 싶은 것을 선택해 먹을 수 있는 시대이니 얼마나 행복한가. 나는 독서를 통해 내가 있는 지금, 여기가 행복하다는 것을 깨달았다.

그래서 소모적인 논쟁과 비난보다는 어떻게 하면 기성세대와 청년세대의 생각의 차이를 좁힐 수 있을지, 기성세대가 어떻게 하면 유연해질 수 있는지, 청년들은 기성세대를 존중하며 더 나은 사회를 만들기 위해 어떻게 노력해야 하는지를 고민하게 되었다.

아이들과 함께 독서토론을 해보자. 진로검사를 통해 자신의 정체성과 적성을 찾고 꿈을 정했다면, 자신이 읽고 싶은 책을 선정할 수 있게 하자. 만약 경영에 관심 있는 아이가 있다면 피터 드러커, 톰 피터스 등의 책을, 금융과 투자에 관심이 있다면 워런 버핏의 책도 괜찮을 것이다. 상담사가 꿈인 아이들에게는《너는 나에게 상처를 줄 수 없다》,《미움받을 용기》를 추천하는 것도 좋을 것이다. 아이들에게 동기부여를 하고 싶다면《갈매기의 꿈》을 추천한다.

독서토론을 진행하는 방법은 책 선정과 진행자를 선정하고, 진행자는 미리 논제를 뽑아 토론준비를 한다. 논제는 진행자가 다 준비할 수도 있고, 토론자들이 같이 준비할 수도 있다. 독서토론을 진행하며 중간중간 공연을 넣는 것도 재미있다. 노래, 악기, 댄스, 시낭송, 서평발표, 낭독 등 재능을 남들 앞에서 보일 수 있는 기회를 주면 참여자의 흥미가 올라간다.

이때 잊지 말아야 할 것은 아이들이 앞에서 잘하지 못하고 실수를 하더라도 응원하는 분위기를 만드는 것이다. 같이 즐기기 위한 자리이므로 못하더라도 괜찮다며 박수를 쳐 주자. 또한 독후 활동으로 간단하게 자신의 생각을 표현할 수 있도록 독서노트를 작성하게 하자. 토론 때 하지 못했던 말을 적을 수도 있고, 자신의 생각을 기록해 놓는 것은 나중에 큰 자원이 된다.

독서를 통해 세계의 큰 흐름을 알게 된다면 아이들은 비판적 사고와 통찰력을 키워 유능한 인재로 성장할 것이다. 지금이 헬조선이 아니라 불합리한 사회제도를 바꿀 수 있는 기회라는 것을 알게 된다. 게다가 독서는 자신의 목표를 이루고, 세상을 살아가는 가장 큰 힘이 될 수 있다.

TIP

논제를 만들기 힘들다면?

플레이스토어에서 '책속의 질문' 어플리케이션을 다운받으면 매일 아침 책의 핵심내용과 질문을 받아볼 수 있다.

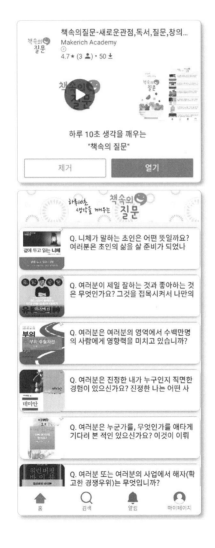

06

품격있는 인재는
비즈니스 매너를 배운다

2016년 7월 여름방학이 시작되는 시점에 어떤 아이에게 전화를 받았다. 학생이 어눌한 목소리로 횡설수설을 해서 무척 답답했다. 결론은 방송연에 직업 체험을 하고 싶다는 것인데 직업 체험처에 확인해보니 조건이 맞지 않았다. 그래서 나는 다시 학생에게 전화해 방송연에 체험은 힘들 것 같다고 전달하고 그 일을 까맣게 잊고 있었다.

그런데 8월 초에 다른 선생님으로부터 당황스러운 전화가 왔다. 7월에 학생들이 인터뷰 예약을 했었는데 오늘 오후에 방문한다는 것이었다. 하지만 아무도 인터뷰에 대한 전화를 받은 적이 없었다. 나 역시 그런 전화를 받은 적이 없었다. 자초지종을 물어보니 7월에 직업 체험에 대해 문의한 것이었는데, 상담하신 선생님은 인터뷰 예약과 직업 체험 문의를 학생들이 스스로 하도록 시켰다고 한다. 그런데 학생들은 직업 체험만 문의하고 인터뷰 요청은 하지 않았던 것이다. 어쨌든 오후에 별다른 스케줄이 없었기에 방문해도 좋다고 했다.

방문 목적은 도 교육청 지원사업으로 지역 사회 내 기관을 탐방하고 홍보 책자를 만들기 위해서라고 했다. 학생들을 직접 만나보니 전화로 느껴졌던 어눌함은 없었다. 그런데 왜 전화를 그렇게 했을까? 아마 전화예절을 배우지 않았기 때문일 것이다.

학생들이 방문했을 때 먼저 자기소개를 하였는데 직장에서는 명함을 주고받으며 자기소개를 한다고 알려주면서 명함을 주었다. 학생들도 미리 나만의 명함을 만들어 기관을 다닐 때 활용하면 좋겠다고 하니 좋은 방법이라며 꼭 만들겠다고 했다.

처음에 학생들이 인터뷰를 하러 온다고 해서 형식적으로 인터뷰를 진행하지 않을까 걱정했다. 그런데 학생들은 방문한 기관이 하는 일과 설립연도, 설립목적, 상시적으로 직업 체험을 하는 건지, 기관의 향후 계획, 직업의 숫자, 앞으로 어떤 직업이 비전이 있다고 생각하는지 등 생각보다 구체적인 질문을 준비해왔다.

특히 학생들은 직업 체험에 관심이 많았는데 각자 꿈이 다 달랐다. 방송 관련 직업, 수학 선생님, 창업, 가상현실 전문가, 그리고 꿈을 어떻게 찾아가는 건지 등 관심사가 다양했다. 그리고 꿈을 어떻게 이뤄야 하는지도 궁금해했다.

스티븐 스필버그는 영화감독이 되고 싶어 영화사 직원처럼 양복을 입고 빈사무실을 자신의 사무실처럼 사용해 영화감독의 기회를 잡을 수 있었다. 꿈을 이루고 싶으면 '현장으로 달려가는 것이 제일 좋다'라고 조언해주었다. 그리고 롤 모델을 찾아 롤 모델이 했던 신념, 가치체계를 분석하고 따라 하라고 하였다. 또한 인사하기, 명함 주고받기, 밝은 표정으로 미소 짓기, 대화하기 등 비즈니스 매너를 숙지하면 더 품격 있는 인재로 인정받을 것이라는 점도 알려주었다.

학생들이 기관을 탐방하면서 무엇을 느꼈을까? 중학생들이 새로운 곳을 찾아서 조사하고 탐방한다는 게 쉽지 않은데, 이번 기회에 새로운 곳에 대한 두려움을 없애고 기관을 방문할 때의 예절, 말하는 방법 등 비즈니스 매너를 현장에서 배울 수 있다고 생각한다. 처음 전화예약에서 실수가 있었지만 학생들은 실수를 하며 배웠을 것이다.

인터뷰에 참여한 한 학생은 "오늘 인터뷰를 위해 여러 질문을 준비했는데, 친절하게 설명해주셔서 감사합니다. 꿈을 이루는 방법과 사회생활에 필요한 매너를 배울 수 있어서 좋았습니다"라고 하였다.

학생들이 기관을 방문해 매너를 지키는 모습에 감동했다. 예전 직업 체험을 진행했을 때 모 학교 학생들이 매너를 지키지 않아 체험처에서 컴플레인을 받아본 경험이 있기 때문이다. 직업 체험을 진행하기 전 매너를 배울 기회가 없었기에 일어난 일이었다. 자유학기제로 직업 체험을 나가야 하는 만큼 학생들이 비즈니스 매너를 익히는 것은 필수여야 한다.

　　교사는 학생들과 직업 체험을 나가기 전에 비즈니스 매너를 가르쳐야 한다. 특히 인사하기, 미소 짓기, 옷차림, 대화하는 방법 등은 필수이다. 만약 전화 응대, 접객 응대, 명함 주고받기의 매너 등을 숙지하고 있다면 학생들의 품격이 달라 보일 것이다. 학생들이 품격있게 직업 체험에 응한다면, 체험처에서도 학생들에게 도움을 주기 위해서 최선을 다할 것이다. 서로 윈 - 윈하는 최고의 전략은 학생들에게 비즈니스 매너를 가르치는 것이다.

07
[학교폭력을 예방하는
나의 느낌과 욕구 말하기]

> 아이의 스마트폰을 우연히 봤는데, 대화창에서 아이가 왕따 당하는 느낌의 대화
> 들을 보았습니다. 어떻게 해야 할까요?
>
> – CBS 표준 FM '최정원의 웰빙 다이어리'
> 2014년 4월 14일 '대화가 필요해' 중에서

한국비폭력대화센터 캐서린 한은 마셜 B. 로젠버그의 '비폭
력 대화'를 접하고, 국제 평화 단체인 CNVC<sup>The Center for Nonviolent
Communication</sup>의 일원으로 활동하며 전 세계에 비폭력대화를 알렸
다. 2004년에 마셜 박사의 저서 《비폭력 대화》를 우리말로 옮기며
한국에 처음 소개하고 2006년 한국비폭력대화센터를 설립해 활동
하고 있다.

그녀는 대학 졸업 후 미국으로 이민을 갔는데 인종차별로 힘
든 시간을 겪었다. 마셜 박사 역시 유태인으로 인종차별을 겪었
다. 그는 차별과 폭력적인 상황에서도 어떻게 하면 마음을 다치지
않고, 나의 의견을 표현할 수 있을까에 대해 고민을 했다.

우리는 살면서 여러 갈등상황에 놓인다. 한강의 소설《채식주의자》는 가장 가까운 가족들에게 이해받지 못하고, 물리적·정신적인 폭력을 겪은 주인공이 가장 순수한 형태로 돌아가기 위해 나무가 되고자 한 내용이다. 그녀가 겪은 폭력성만큼이나 그녀는 자신의 의견을 말하지 않는다. 그 답답함이 안타깝다. 그녀가 상처받은 일에 대해 가족들에게 터놓고 이야기할 기회가 있었다면 그녀는 나무가 되고자 했을까?

학교에서도 마찬가지이다. 가장 가까운 친구들에게 이해받지 못하고, 물리적·정신적인 폭력을 겪을 수 있다. 물론 가해자는 "장난이었어요. 저는 전혀 그런 의도가 아니었어요"라고 말한다. 하지만 피해자는 씻을 수 없는 상처를 받는다. 그럴 때 아이들에게 필요한 것은 바로 비폭력대화법Nonviolent Communication, NVC이다.

캐서린 한은 아이가 학교폭력이나 왕따를 당한다면 먼저 부모의 차분한 대응이 중요하다고 했다. 부모의 과잉반응은 아이를 더 힘들게 한다. "나는 굉장히 걱정이 된다, 화가 난다, 왜냐하면 이 아이가 안전하고 재미있게 학교 생활을 하는 것이 너무나 중요하기 때문이다. 나는 이 상황을 슬기롭게 대처하고 싶다"라고 마음을 추스려야 한다. 아이의 상황을 파악하는 것이 먼저다. "요새 학교 생활 괜찮아? 네가 생기가 없는 거 같은데, 학교가 재미없는 것 같은데 너 괜찮아?"라고 돌려서 물어보거나 아니면 "내가 우연히 스마트폰에서 이런저런 메시지를 봤는데 걱정이 됐어"라고 솔직하게 접근하는 것도 좋다.

만약 문제가 심각해서 경찰, 검찰, 법원까지 가야 할 상황이라면 학교폭력자치위원회 같은 곳을 통해서 해결하도록 시도하고, 한국비폭력대화센터의 회복적 서클 전문가를 요청해 가해 아동, 피해 아동, 가해 아동 부모, 피해 아동 부모, 그 밖에 관련된 사람들 모두를 모아서 서로 이야기를 듣게 한다. 서로 하고 싶은 이야기를 다하고, 듣고 싶은 이야기를 다 듣게 한다. 서로의 입장과 고통에 대해 이해하는 시간을 갖는 것이다. 그리고 앞으로 어떻게 할 것인가에 대해 접근한다. 앞으로 친구로 지내는 것, 즐거운 학창시절을 위해 어떻게 해야 하는가에 대해 서로 이야기를 나눈다.

남편과 크게 다툰 적이 있었다. 점심을 먹으러 갔는데 우리가 앉은 자리를 치워주지 않고 음식 주문도 정신없이 받는 종업원 때문에 1차 화가 났고, 그런 상황에 처했는데도 남편이 적극적으로 어필하지 않아 한참이 지나서야 종업원이 "여기 주문했나요?"라는 말에 2차 화가 났다. 나는 이렇게 작은 일에서도 우리가 의도한 바를 정확하게 말하지 않은 남편에게 너무 화가 나고 말았다. 물론 내가 할 수도 있었지만 그러고 싶지 않았다. 주도권을 남편이 갖는 게 좋다고 생각했기 때문이다.

그래서 남편을 비난했다. "왜 이렇게 남자답지 못해?"라며 화를 폭발시켰다. 남편은 "내가 언제 남자답지 못했는데?"라며 방어를 했다. "됐어. 말을 말자. 당신 같은 사람을 믿고 결혼했다니 내가 정말 어리석었어"라며 그의 자존심을 깎아내렸다. 진짜 속마음은 "우리에게 어려운 일이 생기면 나는 당신에게 보호받고 싶어"였는데 왜 화가 나면 상대방을 비난하게 되는 걸까.

이대로 있으면 안 되겠다는 생각이 들었다. 나는 비폭력대화법으로 남편에게 편지를 썼다. NVC는 갈등상황에서 관찰, 느낌, 욕구, 부탁의 절차로 대화하는 방법이다. "우리 주문이 제대로 들어갔는지 확인하지 않고 휴대 전화만 하고 있는 자기 모습을 보니(관찰), 나는 화가 났어(느낌). 왜냐하면 우리가 어려움을 겪을 때 자기가 남자답게 해결하는 모습을 통해 보호받고, 안도감을 느끼고 싶었기 때문이야(욕구). 다음에 이런 일이 생기면 좀 더 적극적으로 문제를 해결해줄 수 있어(부탁)?"라고 말이다.

편지를 읽고 난 후 남편은 "정말 몰랐어. 그냥 종업원이 바빠 보여 아무 생각 없이 있었을 뿐인데, 자기가 나에게 남자답지 못하다고 해서 무슨 말인지 몰랐어. 주문이 제대로 들어갔는지 확인하지 않아서 미안해"라고 하였다.

만약 학생들이 갈등상황에 있다면 비폭력대화법으로 말할 수 있도록 도와주는 것은 어떨까? 서로 비난하고, 다른 사람을 내 기준으로 판단하는 것은 옳지 않다. 있는 사실 그대로를 보게 하는 연습, 그리고 나의 느낌, 나의 욕구를 먼저 살펴보게 하는 연습이 중요하다. 말로 하기가 힘들다면 편지를 쓰게 하는 것도 좋고, 아니면 역할극을 시켜보는 것도 좋을 것이다.

J 대학교에서 수업을 진행할 때 비폭력대화법에 대해 진행했다. 가족들과 어떤 갈등이 있는지 질문했다. 한 수강생은 딸과 같이 일하고 있는데, 딸이 이웃과의 약속을 지키지 않아 딸을 비난한 이야기를 해주었다. 진짜 속마음은 이웃과의 신뢰가 정말 중요하다는 말을 해주고 싶었다고 했다. 그래서 관찰 - 느낌 - 욕구 - 부탁으로 말해보자고 했다.

"딸, 네가 이웃과의 약속을 지키지 않은 것을 보니 나는 걱정이 된다. 사업을 할 때는 사람과의 신뢰가 무엇보다 중요하기 때문이야. 나는 네가 정말 신뢰를 받고 성공한 CEO가 되었으면 좋겠다. 다음에는 이웃과의 약속을 잊지 않도록 메모를 하는 건 어떨까?"

NVC는 정말 놀랍다. 사람의 기분을 상하지 않고 갈등을 해결하는데 정말 좋은 방법이다. 물론 NVC 대화법을 몸에 익혀서 자연스럽게 나오면 좋겠지만, 화가 났을 때 잠깐 멈추고 NVC 대화 프로세스를 보며 말하는 것도 괜찮다. 비폭력대화를 창시한 마셜 B. 로젠버그 역시 대화 프로세스를 보며 말한다고 한다.

　선생님과 학생과의 갈등 상황에서도 NVC를 활용해보자. 학생의 행동을 나의 편견으로 평가하지 않는 것이다. 학생이 땡땡이를 쳤다고 가정하자. '이런 괘씸한 녀석을 봤나' 대신에 'ㅇㅇ가 수업을 들어오지 않았다'라고 관찰하자. 그리고 거기에 대한 내 느낌을 찾자. 화가 나는지, 답답한지, 불만족스러운지, 불안한 건지, 언짢은지, 신경이 쓰인 건지 등 내 느낌을 찾는 것이다. 그다음 단계는 왜 그렇게 느꼈는지 원인, 즉 내가 중요하다고 생각하는 욕구를 찾는 것이다. 그리고 내 욕구를 지켜줄 수 있는지 상대방에게 부탁을 해보자.

　부정적인 감정이 드는 건 내가 중요하다고 생각하는 욕구가 훼손되었기 때문이다. 욕구는 자율성, 상호 의존, 자기 존중과 긍정, 웃음과 재미, 조화, 평화, 질서, 보호, 휴식 등이 있다. 매슬로의 욕구 5단계를 생각해도 좋을 것 같다. 생리적 욕구, 안정의 욕구, 소속의 욕구, 인정의 욕구, 자아실현의 욕구 등 나의 어떤 욕구가 침해되었는지 생각하는 것이다. 그리고 부탁하고자 하는 바를 학생에게 말해보자. 관찰 대신 학생의 욕구를 읽어주며 시작하는 것도 좋은 방법이다.

"수업에 들어오지 않은 것을 보니 수업을 받기 싫었구나? 왜 받기 싫었는지 말해줄 수 있니?"로 시작해서 "나는 네가 수업에 들어오지 않아서 걱정이 되었어. 왜냐하면 학교에 있는 동안 네 안전에 대한 문제는 선생님이 책임을 져야 하기 때문이야. 너를 믿고 맡겨주셨는데 네가 수업시간에 들어오지 않고 다치면 선생님은 너희 부모님께 면목이 없지 않겠어. 네 생각은 어때?"라고 말해보자.

학교는 배움공동체이다. 배움공동체는 단순히 지식만 배우는 것이 아니라 서로 배려하고, 문제를 해결하며, 갈등을 관리하는 법을 배우는 작은 사회이다. 문제는 언제든지 일어날 수 있다. 문제를 숨기는 데 급급할 것이 아니라 더 큰 문제가 일어나기 전에 아이들의 느낌과 욕구를 읽어주고, 부탁으로 자신의 의견을 표현할 수 있도록 연습시키는 것이 학교와 교사의 존재 이유이지 않을까?

08

원하는 것을 이루는
대화법 NLP

성공이란
자주 많이 웃는 것
지성인들의 존경심과 아이들의 사랑을 받는 것
정직한 비평에 감사하고, 배반한 친구들을 참아 주는 것
아름다운 것이 무엇인지 알고
다른 사람의 좋은 점을 찾아내는 것
건강한 아이, 작은 정원, 보다 나은 사회 환경과 같이
세상을 좀 더 나은 것으로 남기는 것
우리의 삶이 한 생명이라도 편안하게
숨 쉬는 데 도움이 되었다는 사실을 아는 것
이것이 바로 성공

– 랄프 왈도 에머슨
앤서니 라빈스 《무한능력》 중에서

교사로서 성공은 무엇인가? 성공이란 목적하는 바를 이루는 것이다. 당신이 교사가 된 목적은 무엇인가? 여러 이유가 있겠지만 교사의 목적 중 한 가지는 아이들을 가르치고, 그 아이들이 성장해서 더 나은 사람이 되도록 돕는 것이다. 나는 사람을 성장할 수 있도록 돕는 일은 세상 어떤 일보다 가치 있는 일이라고 생각한다.

교사가 아이들의 성장을 도울 수 있는 방법은 무엇일까? 아니 다른 관점에서 질문을 하겠다. 당신이 학생일 때 어떤 선생님이 가장 기억에 남고, 존경스러웠는가? 나의 경우 질문을 통해 내가 원하는 바를 끄집어 낸 선생님이 가장 기억에 남는다. 그런데 안타깝게도 학교에서는 그런 선생님을 만나지 못했다. 사회에 나와서 스승으로 생각하는 분을 만났다. '시너지경영전문가'이자《더 시너지, 된다 된다 책쓰기가 된다》의 유길문 작가이다.

앞에서도 잠깐 언급한 에피소드이다. 내가 20대 중반 평생교육사로서 근무를 하며 석사과정을 밟고 있을 때였다. 유길문 작가와 식사를 할 기회가 있었다. 유길문 작가는 나에게 앞으로 무엇이 되고 싶냐고 물으셨다. 나는 "평생교육 전문가가 되고 싶습니다"라고 했다. "그럼 평생교육 전문가가 뭔데요?"라고 다시 물으셨다. 평생교육 전문가가 되고 싶다고만 생각했지, 구체적으로 생각해본 적이 없었다는 것을 깨달았다. 어떤 역량을 갖춰야 평생교육 전문가가 되는 걸까? 궁금해진 나는 논문을 찾아봤고, 평생교육 종사자의 전문성에 관한 석사학위논문을 쓸 수 있었다. 유길문 작가님은 질문을 통해서 사람들에게 인사이트를 주는 능력이 탁월하시다. 그래서 나뿐만 아니라 많은 사람들이 스승이자 멘토로 작가님을 존경한다.

왜 학교 선생님 중에서는 진정한 스승이자 멘토같은 분을 못

만났을까? 내 기억 속의 선생님들은 소리를 지르거나, 윽박지르는 모습으로만 기억되어 있다. 심지어 상담 선생님께 상의드렸다가 상담내용이 교무실에 다 퍼졌다는 소문까지 들릴 정도였으니 중고등학생 때 선생님에 대한 기억은 좋지 않았다. 내가 졸업한 지금도 크게 달라진 것 같지 않다. 달라진 게 있다면 선생님들이 예전처럼 아이들에게 화를 못낸다라는 것, 아니 방임한다는 표현이 적절할 것이다.

어떻게 하면 아이들에게 화내지 않고, 방임하지 않고 아이들의 성장을 위한 대화를 할 수 있을까? 어떻게 하면 인사이트를 주는 진정한 스승이 될 수 있을까? 학생과 학부모가 불신하지 않고 믿고 따르는 교사가 될 수 있을까?

나는 답을 NLP에서 찾았다. NLP^{Neuro-Linguistic Programming}는 신경언어 프로그래밍이다. '신경'은 뇌(생각), '언어'는 말 그대로 언어, '프로그래밍'은 행동을 뜻한다. 즉 생각과 말과 행동을 조절해 내가 원하는 것을 얻는 과학적인 방법이다.

NLP는 커뮤니케이션 능력을 중요하게 생각한다. 다른 사람 그리고 자기 자신과의 커뮤니케이션 능력이 삶의 질을 결정한다고 말한다. 그래서 NLP는 내가 원하는 것을 얻는 대화법이라고도 할 수 있다.

나는 종종 나를 싫어하는 사람들 그리고 내가 싫어하는 사람들 때문에 고통을 받을 때가 있다. 가만히 있다가 그 사람들이 생각이 나면 몇 시간이고 분노, 슬픔에 빠져 있다가 그렇게 시간을 허비한 나를 자책하는 악순환에 빠져 있었다. 그 사람들을 같이 욕할 수 있는 사람을 잡고 욕하기도 했다. 하지만 나아지는 것은 아무것도 없었다. 그런데 나는 NLP를 배우고 달라졌다. 내가 제일 효과를 봤던 질문은 이것이다.

"최근에 후회했거나 아쉬웠던 일이 있었나요? 그 경험을 통해서 당신이 얻을 수 있었던 것은 무엇입니까?"

나 : 최근에 후회했던 일은 워크숍을 진행하면서 빅마우스(말을 많이 하는 사람)를 컨트롤하지 못해 계획이 백지가 된 것입니다. 제가 좀 더 능숙하고 권위가 있었더라면…….
NLP 코치 : 빅마우스를 컨트롤 하지 못하고 계획이 백지가 되어서 후회가 되시는군요. 그렇다면 그때 빅마우스를 컨트롤하지 못하고 계획이 백지가 되어서 얻은 것이 있나요?
나 : ……?!

나는 사실 이 질문을 받고 머리를 한 대 맞은 느낌이었다. 후회되는 일에서 배울 점이라니? 후회에서 무엇을 배울 수 있지?

나 : 생각해보니 그때 워크숍을 기획하면서 참석자의 니즈를 제대로 파악하지 못했던 것 같습니다. 제가 하고 싶은대로 설계를 했던 게 문제였던 것 같아요.

NLP 코치 : 참석자의 니즈를 제대로 파악하지 못했군요! 참석자의 니즈를 파악하지 못한 경험을 통해서 얻은 것이 있었나요?

나 : 그때의 경험으로 제가 부족한 부분을 깨달을 수 있었고, 진행자로서 더 보완해야 할 점을 깨닫게 되었습니다.

NLP 코치 : 진행자로서 더 보완해야 할 점을 깨달으셨군요! 깨달은 경험을 통해 무엇을 얻을 수 있었습니까?

나 : 보완해야 할 점을 알아서 제가 더 성장할 수 있는 계기가 되었습니다.

NLP 코치 : 성장을 하면 무엇을 얻나요?

나 : 성장을 하면 전문가가 될 수 있습니다. 그러면 사람들에게 신뢰를 더 줄 수 있고, 워크숍에 참석하는 사람들이 성과를 낼 수 있도록 도울 수 있습니다.

NLP 코치 : 성과를 올릴 수 있게 되는군요! 성과를 올리면 무엇을 얻습니까?

나 : 성과를 올리면 수입이 늘어날 수 있을 것 같습니다.

NLP 코치 : 수입이 느는군요. 수입이 늘면 무엇을 얻습니까?

나 : 수입이 늘면 제가 원하는 것을 할 수 있고 경제적, 시간적 자유를 얻을 수 있습니다.

이런 식으로 더 이상 답이 나오지 않을 때까지 질문을 한다. 이 질문을 통해 상대방이 부정적인 생각에 빠져있을 때 자신이 원하는 것에 눈을 돌릴 수 있게 된다. 내가 겪은 부정적인 경험이 내가 원하는 가치와 연결되어 있음을 깨닫는 것이다. 그렇다면 내가 원하는 것을 이루기 위해 부정적인 경험에 빠져있는 것 대신 할 수 있는 건 무엇일까 질문을 해보자. 나 같은 경우 경제적, 시간적 자유를 얻기 위해 부정적인 생각으로 나를 괴롭히는 것 대신에 '부자들은 어떤 생각을 했는지 연구하기', '책을 통해 영감을 얻고 강의에 적용하기', '글쓰기' 등 나를 성장시키는 것에 집중할 수 있는 힘이 생겼다.

부정적인 생각에 빠질 때마다 스스로 이 질문을 통해 자신이 무엇을 원하는지 생각해보라. 만약 학생이 부정적인 생각에 빠져있다면 질문자가 되어 주자. 자신이 무엇을 진짜 원하는지, 원하는 것을 이루기 위해 무엇에 집중해야 하는지 질문을 통해 깨닫게 하는 것이다. 답을 선생님이 알려줄 필요가 없다. '원래 세상이 그런 거야, 네가 어려서 아직 세상을 몰라'라는 말도 아이에게 도움이 되지 않는다. 스스로 깨닫게 하는 질문, 교사는 질문을 통해 아이 속에 내재되어 있는 능력을 이끌어내는 멘토가 되어야 한다.

09

소수의 의견도 무시하지 않고 의사결정 하는 법 회의의 기술 퍼실리테이션

스코틀랜드의 핀드혼Findhorn은 대표적인 생태마을이다. 이 마을의 역사는 1962년 으로 거슬러 올라간다. 이 마을의 의사결정 문화는 독특하다. 구성원들의 다양성 을 거의 완벽하게 존중한다. 핀드혼의 주민들은 별로 중요한 사안이 아니라면 다 수결로 정하지만, 중요한 사안에 대해서는 1명의 의견도 무시하지 않는 '합의' 방 식을 취한다. 또한 마을에 퍼실리테이터가 존재하여 사회자 역할을 하며 논의가 초점을 잃지 않도록 도와준다.

– 채홍미 · 주현희의 《소통을 디자인하는 리더 퍼실리테이터》 중에서

링크컨설팅 대표로 퍼실리테이터인 주현희 대표는 핀드혼에 서 굉장한 충격을 받았다고 한다. 외국인으로서 4박 5일의 기간에 도 마음으로 존중받고 있다는 느낌이 들었고, 무엇보다 주민들이 의사결정을 할 때 소수의 의견도 존중하는 문화에 매료되었다. 특 히 주민들은 마을의 중요한 문제에 대해서는 단 한 명이 반대해도 그 한 명의 반대의견의 이유를 묻고 존중한다. 그 한 명이 계속 반 대를 해도 핀잔을 주거나 무시하는 법이 없다. 왜냐하면 그 한 명 이 다수가 보지 못하는 정말 중요한 사항을 보고 있을 수도 있다고

존중하기 때문이다.

그날 회의는 합의되지 않고 내일 다시 모이기로 하고 끝났다. 주현희 대표가 핀드혼의 주민에게 "내일도 합의가 되지 않으면 어떡하나요?"라고 물었을 때 "그러면 그 다음날 또 모이면 되죠"라는 대답을 듣고 퍼실리테이터가 되기로 결심했다고 한다.

《소통을 디자인하는 리더 퍼실리데이터》에 의하면, 퍼실리테이션facilitation이란, 공통의 목적으로 모인 사람들이 함께 참여하여 시너지를 내고 목표했던 결과를 쉽게 만들어낼 수 있도록 돕는 것을 뜻한다. 중요한 의사결정을 위한 회의, 새로운 지식을 공유하기 위한 강의와 세미나, 구체적인 액션플랜을 도출하기 위한 워크숍 등에 참석자들이 적극적으로 참여하게 하여 효과적으로 목표한 결과를 도출해낼 수 있도록 돕는 것이다.

내가 퍼실리테이터를 처음 접한 건 전주시 원탁회의에서였다. 전주시는 생태도시 만들기를 위해 2015년 생태도시 시민원탁회의를 진행했고, 시민원탁회의를 통해 주민들의 다양한 생각을 들어보고 원칙을 만들어나갔다.

그때 시민원탁 회의의 진행이 매우 새로웠다. 포스트잇과 여러 도구를 통해 사람들의 생각을 공유하는 진행 기술이 너무 신기했다. 왜냐하면 회의에 참석한 사람들이 시의원, 건축사, 협회장부터 주부, 학생에 이르기까지 매우 다양했는데 자칫 잘못하면 나이 많고 지위가 높은 사람들의 말 잔치가 될 수 있었기 때문이다. 하지만 진행자는 체계적인 회의 진행으로 모두 의견을 말할 수 있게 하였고, 모두의 의견들을 모아 하나의 합의로 이끌었다.

그 회의를 진행한 사람을 가리켜 퍼실리테이터라고 부른다는 것도 그때 처음 알았다. 나는 그런 회의 진행 기술을 배우고 싶었고 2017년 퍼실리테이터 CF 과정을 수료하고, 퍼실리테이터로 활동하고 있다. 앞으로는 핀드혼처럼 우리 사회의 의사결정이 주민들의 '합의'에 의해 결정될 것이라고 생각했기 때문이다.

또한 회사에서도 직원들 간의 소통이 더욱 중요해질 것이라고 생각했다. 상명하복식의 회의는 이제 더 이상 힘을 발휘하지 못할 것이다. 복잡하고 빠르게 변하는 미래 사회에서 성과가 나오기 위해서는 사람들 간의 협력을 촉진하는 커뮤니케이션 능력이 무엇보다 중요해질 것이다.

실제 KT는 사내에 퍼실리테이터가 600명 정도 활동하고 있다고 한다. 그들은 중요한 문제가 생기면 '1등 워크숍'을 통해 문제를 해결한다. 워크숍에 나왔던 내용이 보고서로 작성되고, 간부 회의에서 실행 여부가 바로 결정된다. 실행을 하기로 하면 예산이 지원되며, 관련 부서들이 유기적으로 움직인다. 이로 인해 2014년 적자, 고객정보 유출로 인한 고객 신뢰 하락, 잦은 M&A 등 악화된 재무 건정성의 위기를 극복할 수 있었다. 퍼실리테이션의 힘이다.

퍼실리테이션은 회사뿐만 아니라 교육에서도 활용이 가능하다. 수업에서도 가능하고 학습 회의시간에도 활용할 수 있다. 퍼실리테이션은 보통 마음열기(아이스 브레이킹), 생각깨우기, 생각펼치기, 생각모으기, 생각키우기, 결정하기 순서로 설계된다. 주제와 참가자에 따라서 어떤 활동을 할 건지 설계한다.

아이스 브레이킹에서는 서로를 알아가는 간단한 게임을 하면 좋다. 인터뷰하기, 주먹 엘리베이터, 얼굴 그리기, 문제 맞추기 등 서로 친숙해질 수 있도록 3~5분 정도 할애한다. 생각깨우기는 주제에 대한 참여자들의 생각을 그림으로 표현한 후 의미에 대해 이야기하거나, 주제에 대해 좋은 점, 나쁜 점 등을 말하며 주제를 이해하는 활동이다.

생각펼치기는 브레인스토밍, 역브레인스토밍 등 주제에 대한 아이디어를 도출하는 활동이다. 보통 포스트잇을 활용한다. 한 명당 3~5개 정도 아이디어를 포스트잇에 적으라고 한다. 포스트잇에 적을 때는 다른 사람도 잘 볼 수 있도록 매직을 사용하고, 키워드로 적는다. 포스트잇 1장에 1키워드로 적는 것이 원칙이다. 그래야 분류가 가능하기 때문이다. 포스트잇에 적은 아이디어는 칠판이나 전지에 붙이고 자신이 쓴 키워드의 의미를 친구들과 공유하도록 한다.

생각모으기는 도출된 아이디어를 분류하는 것이다. 아이디어의 내용에 따라 분류하고 각각의 분류된 아이디어별로 제목을 붙여 분류할 수 있다. 또한 우리가 할 수 있는 일, 선생님이 도와줘야 하는 일, 학교 차원에서 해야 하는 일 등으로 분류할 수도 있다.

생각키우기는 인원이 많아 조별로 활동했을 때 다른 조의 아이디어를 보며 내용을 추가하기도 하고, 다른 사람의 다양한 관점을 들으며 생각을 확장시키는 방법이다. 갤러리워크, 월드카페를 활용할 수 있다.

분류된 아이디어를 결정할 때에는 다중투표, 실행용이성 - 기대효과, 합의온도계 등의 도구를 통해 결정할 수 있다. 다중투표는 한 사람이 여러 개의 의견에 동시에 투표하는 방법으로 1인 3표 정도로 활용한다. 실행용이성 - 기대효과는 실행이 가능하면서 기대효과가 높은 아이디어를 찾는 방법이다. 합의온도계는 의견마다 0~10까지 온도를 주고 0으로 갈수록 반대이고 10으로 갈수록 찬성으로 표시하는 도구이다.

아이디어가 선정되었다면 실행계획을 세운다. 누가, 언제까지, 할 것인지에 대해 정확하게 참여자들끼리 결정하게 한다. 이때 책임자, 실행담당자, 조력자, 시작일, 마감기한 등도 결정한다.

선생님이 전체 진행을 하는 퍼실리테이터가 되고, 각 조별로 테이블 퍼실리테이터(조장)를 둬서 회의를 진행하게 하면 더 효과적이다. 학기 초에 전체 아이들이 퍼실리테이터에 대한 교육을 받으면 더 민주적이고 효과적인 학급운영을 할 수 있다. 또한 자유학기제를 활용해 아이들이 퍼실리테이터로서의 역량을 키우면, 교사는 아이들 스스로 진로 계획을 세우고 행동할 수 있도록 도와주기만 하면 된다.

현재 전주시는 관내 학교 연계 사업으로 퍼실리테이션을 활용해 아이들이 스스로 여행계획을 세울 수 있도록 프로젝트를 진행하고 있다. 일방적으로 교사들이 세운 계획에 아이들이 따라가는 것이 아닌, 아이들이 세운 계획에 교사가 따라가는 방식이다. 교사는 아이들의 안전만 책임질 뿐 나머지는 아이들이 알아서 해야 한다. 아이들은 이 방식을 통해서 자기주도성을 키우고, 친구들과 협력하는 법을 배우고 있다.

퍼실리테이션을 활용하면 아이들의 소수 의견도 존중될 수 있다. 아이들 스스로 의사결정을 할 수 있도록 하고, 계획을 세울

수 있기에 자기주도적이고 서로 존중하는 민주시민으로서의 역량
도 키울 수 있다. 교사는 아이들의 의견을 경청하는 퍼실리테이터
가 되어야 한다.

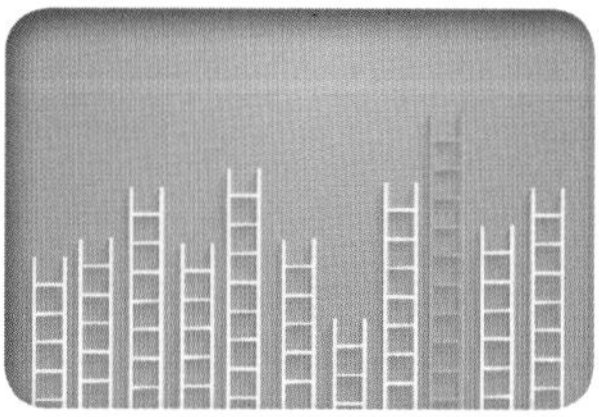

제4장

진로 · 인성
디자인 노하우

01

서울대 입학의 70퍼센트 이상이 수시 학생부 종합전형과 전공 적합성

[2016~2018학년도 전형별 모집인원 추이]

수시모집 지역균형 선발전형 모집인원을 확대하였고 정시모집 일반전형 모집인원이 감소하였다.

학년도	수시모집		정시모집 일반전형	합계
	지역균형	일반전형		
2018	756명(23.8%)	1,735명(54.6%)	684명(21.6%)	3,175명
2017	735명(23.4%)	1,672명(53.3%)	729명(23.3%)	3,136명
2016	681명(21.7%)	1,688명(53.8%)	766명(24.45)	3,135명

자료 : 2016. 3. 18. 서울대학교 입학본부의 보도자료

대학입시제도 중 학생부 종합전형이 요즘 대세이다. 각 대학들이 학생부 종합전형 비중을 30~70퍼센트까지 높이고 있다. 2019년 대학 입학정원 348,834명 중 수시 비중은 76.2퍼센트로 265,862명이며 수시 중 31.1퍼센트인 85,509명을 학생부 종합전형으로 선발하고 있다(대학저널, '2019 학생부 전형의 모든 것', 2018년 3월 30일). 학생부 종합전형 모집인원은 점점 더 늘어날 전망이다.

학생부 종합전형이란 학교생활기록부를 기반으로 전공적합성과 학교생활 충실도를 평가해 학생을 선발하는 제도이다. 김혜영 외 공저《입학사정관이 직접 들려주는 학생부 종합전형의 모든 것》에 의하면 학생부 종합전형은 서류전형과 면접전형으로 진행된다. 서류전형은 학생부, 자기소개서, 교사 추천서로 이루어져 있다.

대입전형을 보면 크게 정시와 수시로 나뉘는데 정시는 수학능력평가를 위주로 선발하는 방식이고, 수시는 크게 학생부 종합전형, 학생부 교과전형, 논술전형 등으로 구성된다. 상위권 대학들은 학생부 종합전형 비중을 높이고 있는데 그 이유는 바로 학업역량과 인성, 그리고 전공 적합성을 판단할 수 있기 때문이다.

학교생활기록부는 ① 인적사항, ② 학적사항, ③ 출결 상황, ④ 수상경력(교내상), ⑤ 자격증 및 인증 취득 상황, ⑥ 진로희망사항, ⑦ 창의적 체험 활동 상황(자율 활동, 동아리 활동, 봉사 활동, 진로 활동), ⑧ 교과학습 발달 상황(내신), ⑨ 독서 활동 상황, ⑩ 행동 특성 및 종합의견으로 구성되어 있다.

입학사정관은 출결 상황으로 성실성을, 수상경력·창의적 체험 활동·독서 등을 통해 학업역량, 인성, 전공 적합성을 판단한다. 전공 적합성이란 대학에서 충실히 공부할 수 있는 기본 학업역량과 동기가 갖춰졌는지 학교생활기록부를 토대로 평가하는 것이다.

필자가 대학을 진학할 때는 거의 정시로 선발했다. 수시라는 단어가 막 등장하던 시기였기에 대부분 정시로 진학하였다. 정시의 가장 큰 문제점은 '점수에 맞춰서' 진학을 한다는 점이다. 단 한 번의 시험 결과인 수능점수에 맞춰 내 인생이 결정되었다. '점수에 맞춰서' 억지로 간 학교는 정말 재미가 없었고, 전공이 적성에 맞지 않아 휴학을 하고 방황했다.

학교 공부를 잘하지 못했어도 본인이 원하는 공부를 하게 될 땐 누구보다 열심히 하게 된다. 학생들의 학습·성취동기가 낮고, 아무것도 하기 싫어하게 된 이유는 하고 싶은 공부를 할 수 없었기 때문이다. 학생들은 왜 공부해야 하는지도 모른 채 억지로 국·영·수를 공부한다. 수능영어는 미국인도 풀 수 없는 문제로 유명하다. 시카고대학교 국제학을 전공하고 서울대학교에서 외교학 석사과정에 재학 중인 타일러는 수능영어를 풀어보고 "이건 말도 안돼요! 정말 말이 안돼요!"라며 어려운 수능영어에 대한 문제점을 제기하기도 했다.

학생부 종합전형의 장점은 좋아하는 분야를 공부하고 준비할 수 있다는 것이다. 그 분야를 연구할 수 있는 역량이 있다고 인정만 받으면 대학에 진학할 수 있는 것이다. 방향성 없이 무작정 공부만 하던 아이들이 미래를 꿈꾸며 준비하는 공부를 하게 되는 것이다. 결과보다 과정을 보는 전형이 바로 학생부 종합전형이다.

이렇게 좋은 제도에도 불구하고 학생부 종합전형의 공정성이 의심된다던가, 학교마다 요구하는 게 다르고 복잡해서 학생부 종합전형 무용론을 펼치며 다시 수능으로만 선발하자는 의견도 일부 있다. 하지만 그렇게 주장하는 사람에게 되묻고 싶다. 수능점수로 대학에 진학해 행복했냐고, 적성에 맞는 학과를 선택했느냐고 말이다. 또한 전공을 살려 취업했는지도, 대학에 입학해서도 학문의 발전을 위해 진정한 연구를 수행했는가도 궁금하다.

게다가 제4차 산업으로 산업 환경이 변화하고 있다. 인공지능으로 인해 단순 암기식 지식은 쓸모없어지고, 대량실업이 예고되어 있는데 수능으로 이 문제가 해결가능하다고 생각하는지도 묻고 싶다. 나는 우리 교육이 직면해 있는 문제점의 해결책을 학생부 종합전형에서 찾는 것이 맞다고 생각한다.

왜냐하면 35세에 직장을 그만두고 필드에 나와 전문가로 인정받기 위해 노력한 방법들이 학생생활기록부에 기록되는 것들이기 때문이다. 내가 전문가로 인정받기 위해 노력한 방법은 국·영·수를 공부하는 것이 아니라 멘토를 정해 모델링을 하고, 책을 읽고 토론하며, 서평쓰기로 글쓰기를 한 것이다. 또한 내 진로와 연관된 곳에서 자원봉사로 실력을 쌓았다. 그랬더니 상도 받고, 수익이 창출되는 시스템이 만들어졌다.

2016년 6월, 87세의 나이로 타계한 세계적인 석학 앨빈 토플러가 한국의 학생들은 15시간 동안 학교와 학원에서 미래에 필요하지 않을 지식과 존재하지도 않을 직업을 위해 시간낭비하고 있다고 지적한 바도 이러한 맥락에서가 아닐까?

이러한 상황에 맞춰서 교육부는 2020년까지 전국 초등학교에 진로전담교사를 양성·배치한다고 한다. 초등학교에 1명 이상 진로전담교사를 배치한다고 하니 반가운 일이다. 그리고 각 도내 교육청에서도 일제히 교사에 대한 연수를 실시했다. 교사의 역량이 무엇보다 중요한 시기이다. 학생의 진로 경험의 질이 좌우되기 때문이다. 그러나 1명의 교사가 모든 학생을 개별적으로 지도할 수는 없다. 학부모, 청년 등을 활용한 진로보조교사가 학생 5명당 1명씩은 배치되어 학생 개개인별 맞춤형 진로 지도를 해야 한다고 생각한다.

학생부 종합전형은 학생의 소질과 적성, 그리고 향후 발전가능성을 평가하여 해당 대학과 학과에서 공부하기에 적합하다고 생각되는 학생을 뽑는 제도로 학교생활기록부와 자기소개서로 판단하는 입학전형이다. 고등학교 1학년부터 3학년 1학기까지 학교 생활기록부로 평가한다. 그래서 중학교 시기에는 자아정체성과 진로를 충분히 고민하는 시간을 가져야 한다. 그리고 늦어도 고등학교 1학년부터는 계획을 세우고 준비해야 한다.

무조건적인 진학을 위한 것이 아니다. 필자가 학생부 종합전형을 강조하는 이유는 자신의 브랜드를 가지고 한 분야의 전문가가 되어 시너지를 내는 인재로 성장할 수 있는 방법이 학생부 생활기록부 비교과 영역에 기록되는 것들이기 때문이다. 동아리 활동, 멘토링 자원봉사, 독서 활동 등으로 전공 적합성, 학습능력, 인성, 인문학적 마인드를 갖춘 인재로 키울 수 있다고 생각한다. 그러나 아이 혼자 알아서 할 수 없다. 멘토의 지도와 도움이 필요하다. 그래서 교사는 아이들이 자기주도적으로 학생부 종합전형을 준비할 수 있도록 멘토로서의 역량을 키워야 한다.

02

공기업은 이제 NCS
직무 적합성을 키워라

창립기념행사의 일환으로 1,000그루의 나무심기 행사를 50명의 직원이 참여하기로 계획하였다. 하지만 식목행사 실시 당일 20명의 직원 밖에 참석하지 않은 상황인데 어떻게 할 것인가?

– 2015년 한국산업인력공단 채용면접 문항 중에서

위의 사례는 2015년 한국산업인력공단의 채용면접 문항 중 하나로 실재 업무를 수행하다가 직면할 수 있는 문제를 제시한다. 이에 구직자가 어떻게 대응할 것인지 답을 요구하고 이를 평가한다.

이처럼 채용방법이 변하고 있다. NCS가 바로 그것이다. NCS는 National Competency Standards의 약자로 국가가 체계화시킨 직무능력 표준을 뜻한다. 토익이나 학벌이 아닌 실제 필요한 직무능력을 토대로 평가하여 채용한다. 해당 업무를 수행하기 위해 필요한 직무를 국가가 개발하였고, 이를 활용해 기관은 채용공고를 낸다. 구직자는 공고문을 보고 자신의 능력이 해당직무를 수행할 수 있는지 판단하여 지원하면 된다. NCS의 관련 정보는 NCS 통합

포털 사이트(www.ncs.go.kr)에서 찾을 수 있다.

이렇게 채용방법이 변하게 된 이유는 불필요한 스펙쌓기로 사회적 문제가 발생했기 때문이다. 학벌, 학점, 토익, 어학연수, 자격증, 공모전 입상, 인턴경력, 사회봉사, 성형수술 등 취업 스펙이 온 국민을 숨막히게 한다. 개인적으로는 비용과 시간의 낭비, 사회적으로는 현장에 필요한 인재가 없어 서로 아우성이다.

그동안 채용공고문에 정확한 업무를 제시하지 않은 이유도 한몫했다. 채용공고문을 보면 행정직 00명, 기술직 00명 / 가족같이 일할 사람, 열정이 있는 사람, 창의적인 사람처럼 추상적으로 명시되었기 때문에 더 혼란이 있었다. 업무수행과 관련 없는 가족관계, 본적, 취미·특기를 쓰게 해 면접에서 불필요한 질문으로 이어지기도 했다. NCS는 이렇게 불필요한 요소를 없애고, 직무와 직접적으로 관련된 요소만 평가할 수 있도록 직무를 체계화시킨 것이다.

NCS는 2015년 130개, 2016년 230개, 2017년 323개 공공기관의 전면도입을 앞두고 있다. 2016년 3월 7일 뉴시스 기사에 의하면 실질적인 채용공고를 낸 기관은 105개 기관으로 총 5,877명이 NCS로 채용되었다고 한다. 출신대학도 고루 분포되고 고등학교·전문대 출신 채용도 증가했다. 또한 서부발전, 한국전기안전공사의 경우 신입직원 중도 퇴사율도 감소한 것으로 조사되었다.

NCS는 직업인으로 갖춰야 할 기본적인 능력인 직업기초능력과 채용직군에서 필요한 전문적 능력인 직무수행능력(지식, 기술, 태도)을 준비해야 한다. 직업기초능력은 의사소통능력, 수리능력, 문제해결능력, 대인관계능력, 자기개발능력, 자원관리능력, 기술능력, 정보능력, 직업윤리, 조직이해능력을 말하며, 직무수행능력은 그 해당 직무만의 전문적 능력을 말한다.

신입사원을 채용했는데 내가 생각했던 일이 아니라며 그만둔다면 기업의 입장은 어떨까? 기업 역시 금전적, 시간적 손해를 입게 된다. 또한 일의 생산성도 올라가지 않는다. 그래서 이직률을 낮추는 것은 어느 기관이나 갖고 있는 고민이다.

국립공원관리공단은 이직률을 최소화하기 위해 인성 중심 선발을 실시했다. 그랬더니 이번에는 직무 전문성이 떨어졌다. 사람이 좋다고 일을 잘하는 것이 아니라는 것이다. 직무와 인성 두 마리 토끼를 잡는 비결은 무엇일까? 국립공원관리공단은 NCS에서 그 해답을 찾았다.

대학을 진학할 때에도 NCS를 염두에 두고 경험을 준비하면 도움이 된다. 학생이 가고 싶은 대학과 관련된 직무를 수행하는 공공기관에서 어떤 기술·지식·태도를 요구하는지 확인하고 그에 맞는 교육을 받으면 되기 때문이다. 또한 공공기관은 대국민 서비스를 제공하는 기관이라는 점을 잊지 말자.

NCS는 서류전형 - 필기전형 - 면접전형으로 진행된다. 서류전형에는 교육 활동, 경험·경력, 기타 활동이 기재된 입사지원서와 경험·경력 기술서를 작성한다. 해당 직무와 관련된 교육, 경험·경력, 기타 활동에 대한 내용으로 작성하면 된다.

필기전형은 직업기초능력평가로 기업·공공기관에서 필수적으로 평가하고자 하는 영역을 중심으로 4지 선다형 혹은 5지 선다형의 객관식 문항으로 출제한다. 직무수행능력평가로 일반적인 지식측정 위주의 평가가 아닌, 해당 기업·공공기관의 실제 직무 환경에서 어떻게 능력을 적용할 것인지 평가한다.

면접은 직업기초능력을 보기 위해 심층면접을 진행한다. 지원자를 객관적, 합리적으로 평가하기 위해 다각도로 면접을 진행하며 직업기초능력을 기반으로 면접 질문이 구성된다.

NCS는 각 기관마다 요구하는 게 조금씩 다르므로 학생이 가고 싶은 공공기관을 2~3개 정해 준비하는 것이 효율적이다. NCS는 관련 직무와 관련된 경험과 경력을 묻기 때문에 대학 입학 전

▶ NCS 기반 채용 평가 방식

서류전형	필기전형	면접전형
입사지원서 (채용과 관련된 교육, 자격증, 경력, 기타 활동), 경험 · 경력 기술서	직업기초능력(객관식), 직무수행능력 (객관식, 약식, 논술 등)	직업기초능력, 핵심역량 평가 (인재상, 핵심역량)

※ 각 전형에서의 채점은 직무기술서 제시한 직업기초능력, 직무수행능력을 기반으로 함

자신의 진로를 정하고 입사하고 싶은 기관을 정해 기관이 요구하
는 수업을 신청하는 것이 도움이 될 것이다.

물론 공공기관을 준비하지 않는 학생도 있을 것이다. 하지만
NCS 기반으로 준비를 하면 사기업을 같이 준비하는 효과를 낼 수
있다. 공공기관의 경우 대국민 서비스에 최종 목적이 있고, 사기업
의 경우 수익창출에 목적이 있다는 차이점이 있지만 해당 직무를
성실히 수행하고 문제해결능력이 있는 인재를 채용하고자 하는
것은 어느 기업이나 같기 때문이다. NCS 기반으로 진로인성디자
인을 해보도록 하자.

국가직무능력표준 홈페이지 www.ncs.go.kr

03

대기업의 인재상과 신사업을 주목해 기획력을 키워야 한다

> 메릴랜드 주 해거스 타운의 에드워드 E. 해리만은 병역을 마친 뒤 아름다운 킴벌랜드 계곡에서 살기로 결심했다. 불행하게도 당시 그 지역에서는 일자리를 구하기가 무척 어려웠다. 그는 그 지역의 갑부인 R. J. 펑크하우저를 찾아가 이렇게 말했다. "펑크하우저 씨, 저는 당신을 위해 큰돈을 벌어들일 수가 있습니다." 그리고는 몇 가지 아이디어, 그 아이디어를 실천하는 데 필요한 자신의 자질, 그러한 것들이 펑크하우저의 사업에 얼마만큼 기여할 수 있는지 설명했다. 그러자 그는 그 자리에서 즉시 에드워드를 채용했고, 그 후 20년 동안 그의 기업에서 중요한 위치에 이르렀다.
>
> – 데일 카네기의 《카네기 인간관계론》 중에서

에드워드는 당시 사람들의 최대 관심사가 권력과 돈을 추구하는데 있다는 것을 알아냈다. 그리고 그 지역의 갑부에게 재산을 더욱 증식시켜줄 수 있는 아이디어와 능력, 그리고 헌신적인 자세를 보여주었다. 기업에 입사하기로 마음을 먹었다면 이 점을 놓쳐서는 안 된다.

기업의 가장 큰 목적은 이윤추구이다. 이윤을 추구하기 위해서라면 피도 눈물도 없는 것이 비즈니스의 세계이다. 그래서 기업에 입사해서 일하다 보면 '나는 이 기업의 부속품에 지나지 않는구나'와 같은 생각이 드는 것이다.

기업에서 핵심인력이 될지, 부속품이 되어 40대 중반에 명예퇴직을 하게 되느냐는 에드워드와 같은 생각을 갖고 있느냐 아니면 단순히 돈을 벌기 위해 회사에 다니느냐의 차이에 있다고 생각한다.

내 경험상 기업들은 항상 위기의식을 느끼고 있다. '지금 변화하지 않으면 죽는다'이다. 소니, 파나소닉, 코닥, 노키아, 아이리버 등 잘 나가던 기업들이 변화에 실패해서 사업이 축소되었거나, 사업을 포기한 사례를 보며 우리 기업 역시 신사업을 개척해서 성공하지 않으면 언제든지 망할 수 있다는 위기감이 항상 CEO들을 위협한다. 그러한 상황에서 기업이 더 성장하기 위해서, 더 돈을 벌수 있는 방법을 제시하는 인재를 기업에서는 채용할 수밖에 없다.

삼성의 인재상은 'We invite global talent of diverse backgrounds'로 '학력, 성별, 국적, 종교를 차별하지 않고 미래를 이끌어 나갈 인재와 함께한다'이다. 열정, 창의혁신, 인간미, 도덕성을 제시하고 있다.

LG의 인재상은 'LG Way에 대한 신념과 실행력을 겸비한 사람'으로 꿈과 열정, 팀웍 & 자율 & 창의력, 고객을 최우선으로 생각하고 끊임없이 혁신, 꾸준히 실력을 배양하여 정정당당하게 경쟁하는 사람이다. 국내 대기업의 인재상과 신사업을 정리해 보면 다음 표와 같다.

[대기업의 인재상과 신사업 동향]

기업명	인재상	신사업(2016년 조사)
삼성	We invite global talent of diverse backgrounds 즉, '학력, 성별, 국적, 종교를 차별하지 않고 미래를 이끌어 나갈 인재와 함께한다.'	전기자동차사업
LG	LG Way에 대한 신념과 실행력을 겸비한 사람으로 꿈과 열정, 팀웍 & 자율 & 창의력, 고객을 최우선으로 생각하고 끊임없이 혁신, 꾸준히 실력을 배양하여 정정당당하게 경쟁하는 사람	전기자동차 부품, 비디오포털 중심 VR사업
SK	SK 구성원이 반드시 갖춰야 할 가치 기준과 행동 규범으로 행동과 의사결정의 기준으로 삼는 SK Values에 부합하고, SK에서 일 잘하는 사람들이 갖춰야 할 능력인 Success Potential을 갖춘 인재	신에너지, 사물인터넷(IoT), 바이오 · 제약
현대자동차	도전, 창의, 열정, 협력, 글로벌마인드로 그룹의 핵심가치를 실천할 수 있는 인재 – 도전 : 실패를 두려워하지 않으며, 신념과 의지를 가지고 적극적으로 업무를 추진하는 인재 – 창의 : 항상 새로운 시각에서 문제를 바라보며 창의적인 사고와 행동을 실무에 적용하는 인재 – 열정 : 주인의식과 책임감을 바탕으로 회사와 고객을 위해 헌신적으로 몰입하는 인재 – 협력 : 개방적 사고를 바탕으로 타 조직과 방향성을 공유하고 타인과 적극적으로 소통하는 인재 – 글로벌 마인드 : 타 문화의 이해와 다양성의 존중을 바탕으로 글로벌 네트워크를 활용하여 전문성을 개발하는 인재	수소연료전지 등 친환경 자동차
롯데	더 맑고 공정한 세상을 위한 롯데와 지원자의 약속 롯데는 성별, 학연, 장애여부, 국적, 출신 지역 등과 관계 없이 열정과 역량을 갖추면 희망하는 곳에서 일할 수 있는 맑고 열린 세계를 지향한다.	옴니버스 유통채널, 인도 식품 시장 공략, 화장품

기업명	인재상	신사업(2016년 조사)
신세계	다양한 변화를 수용하면서도 열린 마음으로 바른 길을 지향하는 참다운 인재를 추구 – 고객을 존중하고 고객행복을 위해 헌신하는 인재 – 앞선 감각으로 창의적인 변화를 주도하는 인재 – 자신의 일에 긍지를 느끼고 열정적으로 일하는 인재	자체브랜드(PB), 새로운 개념의 '쇼핑 테마파크'
CJ	– 정직하고 열정적이며 창의적인 인재 – 글로벌 역량을 갖춘 인재 – 전문성을 갖춘 인재	식품 & 식품서비스, 생명공학, 엔터테인먼트 & 미디어, 신유통
포스코	– 세계 무대에서 활약할 수 있는 글로벌 역량과 다양성을 존중하는 열린 사고를 가진 인재 – 최고 수준의 목표를 달성하기 위해 불굴의 의지와 열정으로 끊임없이 도전하고, 독특한 시각과 접근으로 새로운 가치를 창출하는 인재 – 자기 분야에 대한 전문적인 기술 및 식견과 건전한 직업의식을 가지고 맡겨진 임무를 끝까지 완수하는 인재	항공기 리스사업, 스마트공장
이랜드	30대 CEO에 도전할 열정적이고 주도적인 신입사원. 긍정적, 적극적 사고로 세계시장에 혁신을 일으킬 글로벌 리더, 이랜드를 이끌어갈 30대 CEO	외식, 레저사업 등 락樂사업, 테마도시
두산	두산인은 능력이 많거나 적거나 혹은 탁월하거나 그렇지 않거나 조직에 공헌할 능력과 의사를 가지고 이를 실천하며 자신의 능력을 끊임없이 향상시키고자 노력하는 모든 구성원을 의미	연료전지 사업, 면세점 사업, 두산 밥캣(미국 중장비업체) 상장

자료 : 각 기업 홈페이지

기업별로 공통적인 인재상은 도전, 열정, 글로벌 역량을 갖춘 인재이다. 그것은 새로운 성장 산업에 대한 역량을 뜻하며, 기업에 충성하면서 믿을 수 있는 인재를 의미하기도 한다. 기업들은 입사지원자들이 얼마나 잘났는지 알고 싶은 것이 아니다. 은행에 근무하는 지인이 "이제 더 이상 서울대 출신을 뽑지 않는다. 이직률이 높기 때문이다"라고 말하는 것은 높은 학벌, 학력이 취업에 영향을 미치지 않음을 의미한다.

만약 기업에 입사하고 싶다면 입사지원자의 능력이 회사에 얼마나 도움이 될 것인가, 조직에 융화되면서 애사심이 높을 것 같은가, 이직을 하지 않을 것인지에 대한 확신을 인사담당자에게 주는 것이 유리하다.

"그다지 능력이 뛰어나지도 않으면서 고임금을 요구하거나 회사에 불만이 많다"는 것이 국내 중소기업 인사담당자가 고스펙 입사지원자에 대해 느낀 점이다. 특히 '석·박사 등 높은 학력을 가진 입사지원자에게 40.5퍼센트가 감점 및 불이익을 주고 있다'고 밝혔다.

그런데 내가 아이들과 진로 상담을 하면서 느끼는 점이 인사담당자들이 느끼는 것과 같은 건 왜일까? 아이들이 자신의 능력에 비해 지나치게 환상에 사로잡혀 있다는 생각이 든다. 꿈은 의사, 영화감독, 대기업 취업인데 이유는 '돈을 많이 벌어서'라고 답한다.

어떤 의사가 되고 싶은지, 어떤 영화를 찍고 싶은 건지, 그 영화를 찍기 위해서 준비하고 있는 자신만의 능력은 무엇인지, 어떤 기업을 가고 싶은지 등에 대해 물어보면 구체적인 답을 하지 못한다.

교사는 학생의 진로와 연관된 대기업의 인재상과 신사업을 파악해 학생들이 스스로 '기획'할 수 있도록 지도해야 한다. 관심 있는 주제가 같은 아이들끼리 동아리를 이루게 해서 기업이나 사회 문제를 파악하고, 고객이 무엇을 원하는지 시장조사를 하며 자료를 축적할 수 있도록 '기획노트'를 작성하도록 지도하자.

'기획력'은 어떤 영역이든지 중요한 능력이다. 갑부인 펑크하우저에게 자신의 아이디어와 실행력을 어필한 에드워드의 행동이 바로 기획력이다. 펑크하우저는 에드워드의 '기획력'이 돈이 될 수 있다고 판단한 것이다. '성과'는 비즈니스의 핵심이다. 기업에서의 성과는 수익을 올리는 것이다.

가고 싶은 기업을 탐방하기도 하고, 대표이사의 철학과 비전, 인터뷰 기사, 저서, 신문을 읽는 것도 필수적이다. 현재의 상황을 파악하는 것도 미래를 준비하는 것만큼 중요하기 때문이다. 기업의 인재상과 신사업에 주목하며 기업이 처한 문제를 해결하면서 수익을 창출하는 사업 모델을 개발하는 기획력이야말로 아이들에게 최고의 스펙이자 무기가 될 것이다.

04

자기소개서 작성 시 놓치면
안 되는 핵심 사항

> 학교가 원했던 것은 인터뷰 받는 사람이 보여주는 최선을 다하는 모습이 아니고, 그 학교가 현재 필요로 하는 능력을 이미 지니고 있는 사람이었습니다. 즉, 저는 상대가 정확하게 무엇을 원하는지 파악하는 데 너무도 안일했던 것입니다. 그 일을 겪은 후 저는 다른 대학들과 캠퍼스 인터뷰를 하기 전에 각 대학이 임용할 교수로부터 무엇을 바라는지를 철저하게 조사해 준비하기 시작했고 얼마 지나지 않아 한 대학으로부터 좋은 소식을 받을 수 있었습니다.
>
> – 혜민 스님의 《완벽하지 않은 것들에 대한 사랑》 중에서

혜민 스님은 하버드대학에서 비교 종교학 석사, 프린스턴대학에서 종교학 박사 학위를 받고, 이후 미국 메사추세츠 주의 햄프셔대학에서 종교학 교수로 7년간 재직한 이력이 있는 분이다. 얼굴도 잘생기고, 학벌도 좋고, 많은 사람의 사랑을 받고 계시니, 실패를 모르고 지내셨을 것 같은 혜민 스님도 교수 임용 과정에서 쓰라린 실패를 경험했다고 한다.

인생에서 큰 실패를 경험해 본 적이 없었던 혜민 스님은 교수 임용에서 탈락하자 거절당했다는 생각에 마음은 급속도로 우울해

지고 좌절감을 느끼고 모든 걸 포기하고 싶었다고 한다. 깊은 성찰의 시간을 가지고서야 자신이 왜 떨어졌는지 알 수 있었다. 상대방의 욕구를 파악하지 않은 채 최선을 다하는 것은 성공할 수 없다는 것을 깨달은 순간이었다. 이렇게 엄청나게 학벌이 좋은 혜민 스님도 상대의 욕구를 무시한 채 노력한 결과는 실패였다. 이 사실은 우리가 취업에 실패하는 이유를 시사한다.

최근 취업난의 원인에 대해 생각해보자. 정말 내가 취업하고 싶은 기업이 어떤 비전을 가지고 있는지, 어떤 사업을 하고 있고 앞으로 어떤 사업을 하고 싶어 하는지, 고객이 누구인지, 회사의 어떤 점이 부족하고 내 능력으로 그 부족함을 채워줄 수 있는지 고민해본 적이 있는가? 그 고민을 자기소개서에 녹여냈는가? 그러한 노력은 하지 않고 내가 학벌이 부족해서, 내가 지방대이기 때문에 떨어졌다고 생각해 세상을 탓하거나, 학벌만 올리려고 노력하고 있지 않았는가?

L사의 문화센터 매니저 채용공고를 보고 응시원서를 냈었다. 다행히 1차로 서류에 합격했다는 통지를 받고, 2차로 면접을 보았다. 당시 면접관이 한 질문이 기억난다. "일하는 스타일이 어때요?"였다. "저는 할 일을 찾아서 하는 스타일입니다"라고 대답했다.

문화센터 매니저는 한 학기당 고객과 강사를 포함해 보통

3,000~10,000명 정도 응대를 해야 한다. 고객의 니즈를 파악해서 강좌를 기획하고 운영을 해야 하기에 상사가 일일이 다 지시할 수 없다. 필요한 사안을 먼저 파악해 상사에게 보고하는 능력이 필요하다. 면접관은 질문을 통해 회사에서 요구하는 능력을 가지고 있는지 파악한다. 다행히 면접관이 듣고 싶은 대답이었는지 2차에 합격을 했다.

3차 면접은 본사에서 치러졌다. 본사 면접관은 "왜 처음부터 대기업에 들어가지 않고 작은 기관에 들어갔죠?"라고 질문했다. 나는 "제가 L사에 관련된 책을 읽어보니 모든 신입사원이 처음엔 현장근무를 한다고 들었습니다. 저 역시 비영리기관이 현장이라고 생각했습니다. 간사가 저 혼자였기 때문에 계획서부터 홍보, 마케팅, 그리고 청소 등 일련의 과정을 혼자 처리해야 했는데 그 경험이 저의 자산인 것 같습니다. 그 경험을 바탕으로 작은 기업이지만 문화센터를 잘 운영할 수 있을 거라고 판단했습니다"라고 하였다.

거짓된 마음이 아니었으므로 당당하게 이야기했는데 몇 년 뒤 본사 직원에게 "정말 말 잘하는 사람이 들어왔다고 소문났었다"라는 말을 들었다. 아마도 이때 질문에 대한 답을 두고 그렇게 말하는 것이 아닐까 생각했다.

나는 절실했다. 그리고 회사가 원하는 부분을 준비하였다. 회사가 원하는 인재상과 직업 스타일을 미리 책을 읽고 준비했다. 홈페이지에 들어가서 어떤 강좌가 있는지, 어떤 시스템을 가지고 있는지, 또한 몇 층에 있는지, 운영시간은 어떤지까지 미리 확인하고 준비하였다.

교사는 학생이 지원하고자 하는 대학이나 기관이 원하는 바를 파악해서 필요한 경험들을 할 수 있도록 도와주어야 한다. 또한 그러한 경험을 자기소개서에 녹여낼 수 있도록 코칭해야 한다.

대학교 진학을 희망한다면 전공 적합성이 가장 핵심인데, 그 과의 교수님의 저서와 어떤 연구를 하고 있는지, 최신 학계에서 이슈가 되는 연구과제 등을 확인하고 역량을 길러줘야 할 것이다. 만약 취업을 희망한다면 기업 대표이사의 인터뷰 조사, 관련 도서 읽기, 어떠한 사업을 추진하는지, 새롭게 시작하려는 사업은 무엇인지 등을 조사하고, 자료를 수집하여 핵심역량을 키울 수 있도록 도와줘야 한다.

학생들의 자기소개서를 보면 답답한 부분이 많다. 자기소개서에는 '내가 얼마나 열심히 했는지 보여주겠어!'만 쓰여 있고, 희망하는 학과나 회사에 대한 분석은 없기 때문이다. 많은 학생들이 이 부분을 놓쳐서 취업에 실패하고 있다.

나에게 자기소개서를 봐달라고 했었던 학생은 ○○공사에 서류를 넣었는데 이력서나 자기소개서에 ○○공사에 대한 내용이나 사업에 대한 내용은 없고, 관련이 없는 사회복지 분야에서 자원봉사한 내용으로만 자기소개서가 작성되어 있었다. 지원하는 사람이 없다면 그 학생이 뽑히겠지만, 경쟁률이 70대 1이라면 과연 이 학생을 뽑을까? 아쉽지만 내가 인사담당자라면 뽑지 않을 것이다.

그래서 자신이 가고자 하는 대학이나 기관의 정보를 분석하는 것이 중요하다. 원하는 대학이나 기업을 2~3개 선정해서 철저히 분석해야 한다. 분석한 결과에 맞춰 경험을 디자인하는 것이다. 그것이 대학에서는 전공 적합성이고, 기업에서는 직무역량을 의미한다.

학생부에서 요구하는 비교과 영역인 교내 수상 실적, 봉사 활동, 독서, 동아리 등의 경험이 바로 이것들을 준비하는 것이다. 학생부보다 조금 더 구체적인 경험이 필요하다면 NCS(국가직무능력표준)에서 요구하는 사항을 준비하는 것이 많은 도움이 된다. NCS는 직업기초능력과 직무수행능력을 미리 공고하고 직무에 필요한 기술, 능력, 태도를 구체적으로 요구하기 때문에 좀 더 자세하게 진로를 디자인 할 수 있다.

학생이 원하는 진로를 디자인해주는 것은 매우 중요하다. 적성에 맞는 목표를 설정해주고, 목표를 이루기 위한 경험을 한다면 학습 동기가 유발됨은 물론이고, 행복한 삶을 살 수 있다고 생각하기 때문이다. 원하는 대학이나 회사에 대해 철저하게 조사하여 미리 관련된 경험을 쌓아간다면 반드시 성공할 수 있다.

또한 경험한 바를 글로 남기는 게 중요하다. 기록하지 않으면 기억이 나지 않는다. 그러면 자기소개서는 물론이고 면접도 제대로 볼 수 없다. 나는 블로그 쓰기를 추천한다. 또는 카페를 만들어 교사의 지도 하에 각자 자신의 경험을 기록할 수도 있다. 디지털 마인드맵인 씽크와이즈(www.thinkwise.co.kr)를 통해 정리하는 것도 효율적이다. 씽크와이즈를 활용하면 생각을 정리하고 필요한 문서를 하이퍼링크와 파일첨부를 통해 일목요연하게 정리할 수 있다.

자기소개서는 면접의 기초자료가 된다. 학업에 기울인 노력과 학습 경험을 통해 배우고 느낀 점, 재학 기간 중 본인이 의미를 두고 노력했던 교내 활동을 통해 배우고 느낀 점, 학교 생활 중 배려, 나눔, 협력, 갈등 관리 등 실천한 사례와 그 과정을 통해 배우고 느낀 점, 지원 동기 등을 짧게라도 계속 기록할 수 있도록 지도해야 한다.

보성고 진로진학상담교사인 배영준의 《자신만만 학생부 &

자소서》에서는 과정 속에서 반드시 어려운 극복과정이 있어야 매력적인 자기소개서가 된다고 하였다. 동기, 도전, 어려움, 극복과정, 결과, 결과분석, 새로운 방향 제시의 순서로 자기소개서를 작성할 것을 제시한다.

이름만 바꾸면 누구 것인지 알 수 없는 자기소개서. 학교명 & 기업명만 바꾸면 어디든 넣을 수 있는 자기소개서는 불합격 요소라는 점을 교사는 학생들에게 코칭해야 한다.

자기소개서 컨설팅 사례

　　다음은 H대학교에 지원한 K군의 지원동기 컨설팅 예시이다. 학교에 지원하는 동기는 무엇보다 중요하다. 코넬대학교 건축과를 졸업하고 하버드대학원 건축과, 조경과에 재학 중인 송지호, 신수란 부부 역시 나만의 스토리와 이 학교에 대한 지원동기가 무엇보다 중요하다고 강조했다.

　　✱✱ 지원동기

　　이 학과에 지원하게 된 동기는 어릴 적부터 부모님의 영향이 컸던 것 같습니다. 부모님이 디자인을 전공하셔서 산업디자인 전문회사를 운영하고 계십니다. 그래서 언제나 학교를 마치고 집에 오면 그림을 그리거나 프라모형모델이나 레고를 조립하였고 가끔 주말에 어머니를 따라가 전북대학교 평생교육원 도자기 공예를 수강하시는 곳에서 흙을 가지고 여러 가지를 만들곤 했습니다.

　　또 개인공방에서 어머니와 함께 그릇도 만들어보고 자그마한 자동차 모형도 만들어보고, 직접 목판에 글자나 문양을 조각해 보기도 하고 구리동판에 원하는 모양을 금을 그어 실톱으로 자르고 다듬어서 태엽도 만들어 보았습니다. 또한 실력을 평가받아 보고 싶었던 저는 본교 전통미술공예공모전 11회(2015년)에는 회화를, 12회(2016년)에는 투각 기법을 사용한 등을 만들어 입선을 하였습니다. 다양한 경험들을 통해 손으로 무언가 만들면서 실생활 속에서 사용하고 그것을 집안에 전시해 볼 때마다 성취감과 뿌듯함을 느끼게 해주어 공예의 무한매력에 빠져들게 되었습니다. 더 나아가 상업공간에서 사용할 수 있는 공예품들과 식기들에 관심이 가게 되었습니다. 저는 친구 집이나 가족들 모임으로 친척 집에 가거나 또는 카페 찻집 등 여러 공간에 갈 때마다 전시되어 있는 공예품들, 식기 등에 관심을 가지고 유심히 보았습니다. 하지만 공예품들과 그릇들은 정확히 표현하면 서양식 공예품들과 그릇이었고 우리나라 전통기법을 사용하여 만든 것들은 찾아보기 힘들었습니다. 분명 나는 한국에 살고 있는데 왜 우리나라의 전통공예품보다 서양식 기법의 공예품, 화병, 그릇들이 더 많이 사용하고 전시되는지?라는 서양식 공예품들에 물음표를 던지게 되었습니다. 그리고 왜 그것들을 선호하는지 물었지만 되돌아오는 대답은 우리는 우리도 모르는 사이에 서양의 기법으로 만들어진 것들에 익숙해져 있고 당연시하고 있다는 거였습니다. 우리 것에 대한, 우리 전통에 대한 깊이 있는 고민들이 적었던 것 같습니다. 그동안 대부분의 사람들의 인식에는 우리 전통은 올드하고 무겁고 칙칙하고 현실에서 상용되기에는 힘들다는 인식이 팽배해 있었습니다. 그리고 저는 또 다른 의문점이 생겼습니다. 그럼 우리나라의 전통 공예품들은 서양식 공예품들에 비해 아름다운 면에서 뒤떨어지는가? 전혀 그렇지 않았습니다. 아름다운 한복을 곱게 차려입은 인형이나 전통 자수기법을 활용한 화려하면서도 아름다운 천들을 이용해서 식탁을 꾸밀 수도 있으며 커텐을 대신해 천연염

색을 이용하여 상업적인 공간 또는 주거공간 등 우리 것을 활용할 수 있는 것들은 무궁무진했습니다. 우리가 몰라서 접해볼 기회가 없어서 잘 몰랐다고 생각하며 이 또한 앞으로 제가 배워나가고 바꿔나가야 할 과제라고 생각합니다. 아름다운 전통이 공존하는 우리나라의 멋과 아름다움을 현대적인 감성과 함께 어우러지게 한 우리나라 고유의 전통과 멋을 살린 공예품들과 가구로 인테리어 양식을 구성해 보고 싶으며 전 세계인에게, 우리나라의 전통 공예품의 멋을 잘 모르는 사람들에게 우리의 멋을 알리는 전통공예가 또는 전통가구 디자이너가 되고 싶어 이 학과에 지원하게 되었습니다.

K군은 한국 전통의 미를 공예품에 살려 세계적인 전통가구 디자이너가 되고 싶다는 포부를 가지고 있으나 지원동기가 마음에 와닿지 않았다. 더욱이 학교에서 어떤 인재를 뽑는지도 파악하지 않아 입학사정관의 시선을 끌기엔 부족하였다. 그래서 나는 K군에게 다음과 같이 수정하였으면 좋겠다고 조언하였다.

** 피드백
학교의 목표와 부합하는 개인의 경험을 토대로 지원동기를 작성하였으면 좋겠습니다. 한국전통문화대학교에 대해 검색을 해보면 학교는 문화재를 복원하는 전문인력 육성에 필요성을 느끼고 있습니다. 그 부분을 어필하는 게 좋을 것 같습니다. 또한 수상

실적이 교내상인지 분명하게 적었으면 좋겠습니다. 교외상은 0점 처리되기 때문입니다. 3단락 정도로 나눠서 동기를 적어보는 것도 좋을 것 같습니다.

이와 같은 조언으로 K군이 다시 작성한 지원동기는 다음과 같다.

** 상업 공간에서의 공예품들에 대한 의문점

어렸을 때부터 산업디자이너이신 어머니를 따라 도자기 수강반에 다니면서, 공예의 매력에 빠지게 된 저는 여러 상업공간에 전시된 공예품들에 눈이 가고 상업공간에서 뿐만 아니라 친척집과 친구들의 집에 초대 받아 방문하게 될 때에도 제일 먼저 그 집안에 배치된 공예품들을 먼저 살피게 되었습니다. 하지만 어느 공간이든 우리 전통기법이 사용된 공예품들보다는 서양식 공예품들과 현대적인 공예품들이 더 많은 비중을 차지했습니다. 어느 날 친구집에 가게 되었는데 한국의 미가 담긴 가구를 보게 되었습니다. 거실 한가운데 놓여 있는 여물통 형태의 탁자가 제 시선을 끌었습니다. 탁자의 원목인 피나무의 곡선과 색감 등에서 한국의 아름다움과 그 집 주인의 인품이 함께 느껴졌습니다. 그때부터 한국적인 가구에 대해 고민해보았습니다. '왜 우리는 서양식 가구만 사용하는 걸까? 우리의 것을 터부시하고 서양식만 좋다는 인식 때문인 걸까?' 우리 전통의 미가 담긴 가구를 제작해 널리 알리고 싶었습니다. 그래서 현대적 감각이 살아있는 전통가구 디자이너가 되는 것이 제 꿈이기에 국내 최고의 교수님이 계신 H대학교에 지원하게 되었습니다.

처음 작성한 것보다는 많이 간결해졌다. H대학교에 입학해야 하는 이유도 제시하였다. 지원동기를 작성할 때는 지원하고자 하는 대학교나 회사의 사업을 파악하거나, 교수님이나 대표이사의 인터뷰, 기사, 저서 등을 읽고 작성하는 것이 좋다. 꼭 그 대학(회사)에 들어가야 하는 이유는 그 대학(회사)에서만 경험할 수 있는 가치, 그 대학(회사)에서 연구하고 있는 것을 자신의 비전, 경험, 능력과 결합하여 어필하는 것이 효과적이다.

교사는 학생들이 관심 있는 분야나 멘토를 찾은 후에는 그 분야의 저서나 기사를 읽고 감명 깊었던 문장에 자신의 생각을 쓰는 연습을 할 수 있도록 도와줘야 한다. 이 훈련을 꾸준하게 하면 자기소개서는 물론 글쓰기에도 도움이 된다.

다음은 외고에 다니고 있는 J양의 자기소개서이다.

⊙ 고등학교 재학기간 중 학업에 기울인 노력과 학습 경험에 대해 배우고 느낀 점을 중심으로 기술해 주시기 바랍니다(1,000자 이내).

영어시간만 되면 말수가 적어지는 친구, 이 말은 1학년 때 친구들이 지어준 별명이었습니다. 중학교 때부터 영어는 자신 있는 과목이었지만 이론식 공부에 익숙했던 저에게 원어민 선생님과의 자유로운 회화 수업은 부담이 되었고 오랜 기간 유학을 다녀와 회화 실력이 유창한 친구들 앞에서 제 실력을 보여주기가 부끄러웠습니다. 하지만 수업시간에 활발히 참여하면서 선생님과 교류하는 것을 좋아하는 저로서는 발표를 하지 못하는 것이 무척 힘든 시간이었습니다. 그래서 어떤 점이 부족한지 파악하려 노력했고 그 결과 영어작문 능력이 부족해 하고 싶은 말이 한국어로만 머릿속을 맴돌고 회화 경험이 적어 말하기를 두려워한다는 것을 알았습니다. 그 후 저는 작문과 회화 연습에 매진하게 되었습니다.

먼저 작문 능력을 기르기 위해 일주일에 한 번 영어저널을 작성하고 원어민 선생님께 피드백을 받았습니다. 초반에 피드백을 받았을 때에는 시제일치에서 실수가 잦아 문장의 완성도가 부족했지만 수정본을 작성하면서 주절의 동사에 집중해 종속절의 시제를 일치시키는 습관을 길렀고 가정법과 같이 예외의 경우도 익히게 되었습니다. 꾸준히 저널활동을 한 결과 저널에서 자주 쓰는 표현을 회화에도 적용할 수 있게 되었고 심화영어 작문수업에서 교육 에세이를 작성할 수 있을 정도의 실력을 쌓게 되었습니다.

이와 더불어 원어민 선생님과 화상수업을 통해 주어진 주제에 대해 자유롭게 토의하는 법을 배웠습니다. 글을 읽으며 발음을 교정하고 각 문단의 내용요약을 선생님께 다른 표현으로 바꿔 설명하면서 다양한 문장표현법을 익혔습니다. 또한 원어민 선생님의 일상적인 표현을 놓치지 않고 메모한 뒤 친구들과 조별활동을 할 때 자주 사용하며 응용력을 길렀습니다.

처음에는 오직 활발한 수업참여를 위한 노력을 했지만 작문과 회화 학습 과정을 통해 회화 자체에 흥미를 느꼈고 연극이나 토론 등 영어표현 활동에 적극적으로 참여하게 되었습니다. 위의 경험을 통해 회화에서 유학의 경험 유무보다 중요한 것은 언어의 구조를 이해하고 상대방에게 자신의 의도를 정확히 전달하는 것임을 알게 되었습니다.

J양의 스토리는 좋은데 부정적인 사례로 시작한다. 같은 이야기지만 부정적으로 시작하는 것보다 긍정적인 사례로 기술하는 게 자기소개서를 읽는 사람에게 어필할 수 있다. 예를 들면 다음과 같다.

저는 얼마 전 학교에서 영어로 공연하는 ○○연극에 ○○배역을 맡아 성공적으로 연기했습니다. 사실 유학도 다녀오지 않은 제가 영어로 공연한다는 건 기적과도 같았습니다. 문법 위주의 영어 공부로 회화에는 자신이 없었기 때문입니다.

하지만 자신이 없었던 만큼 저는 다른 사람들보다 더 노력을 했습니다. 일주일에 한 번씩 영어저널을 작성해서 원어민 교사에게 피드백을 받았습니다. 처음 초반에는 시제일치에서 실수를 많이 했습니다. 하지만 일주일에 한 번씩 저널을 읽으며 주절과 종속절의 시제일치를 연습했습니다.

~ 중략 ~

이 경험을 통해 영어회화를 자신있게 할 수 있게 되었습니다. 영어회화에서 중요한 것은 유학의 경험이 아니라 언어의 구조를 이해하고 상대방에게 자신의 의도를 정확히 전달하는 능력임을 깨달았습니다.

IOC 국제심판이 꿈인 학생의 사례이다.

⊙ 해당 모집단위에 지원하게 된 동기와 이를 준비하기 위해 노력한 과정이나, 지원자의 교육 환경(가정, 학교, 지역 등)이 성장에 미친 영향 등을 경험을 바탕으로 구체적으로 기술하시오(1,500자 이내).

저는 젊은 시절 조정 선수로 활동하셨던 어머니, 마라톤 지역 대표이신 아버지 밑에서 유년 시절을 보냈고, 부모님이 주말마다 저와 동생을 데리고 종합경기장에서 축구를 하고 수영장에 데리고 가는 등 스포츠와 밀접한 환경에서 자랐습니다. 그래서 자연스럽게 스포츠와 활동적인 것에 흥미를 가지게 되었고 진로 또한 스포츠계로 방향을 잡을 수 있었습니다. 특히 저는 2012년 런던올림픽에서 신아람 선수의 억울한 경기 판정을 보고 IOC 위원장이 되어야겠다고 결심하였습니다.

하지만 저는 외고에 진학하게 되면서 쉽지 않은 길을 걸어야만 했습니다. 먼저 학교에는 예체능 계열로 진학하려는 학생들이 소수이다 보니 차가운 편견의 시선을 감수해야만 했습니다. 또한 보충시간을 활용하여 실기를 준비하는 인문계 학교와는 달리 기숙사 생활을 했던 저는 실기를 준비할 환경이 마땅치 않았습니다. 그렇지만 저는 '내가 할 수 있다는 것을 보여주자!'라는 마음을 가지고 실기 능력을 키웠습니다.

저는 실기에서 좋은 점수를 얻기 위한 신체 능력이 뛰어나지 않았기 때문에 실기 준비에 많은 노력을 하였습니다. 기숙사 기상시간보다 더 이른 새벽 6시에 일어나 학교 운동장을 20분 뛰고 10분 동안 유연성을 증진시키는 스트레칭을 하였습니다. 그리고 오래 매달리기, 스쿼트 등과 같은 실기에 간접적으로 도움을 줄 수 있는 운동을 하였습니다. 학교 일과 중에는 1kg의 모래주머니를 양쪽 발목에 차고 생활하고 점심시간과 저녁시간에는 러닝머신, 싯업을 했으며 야간자율학습이 끝난 뒤 기숙사에서는 다시 싯업 300개를 채웠습니다. 또한 매달 1일에는 저만의 테스트를 하여 얼마만큼 성장했는지를 확인하였습니다.

처음에는 성장하는 모습을 보이는 것 같았지만 어느 순간부터 기록이 정체되는 시기가 있었습니다. 저는 운동량을 늘려보기도 했고 근육량이 부족한 것이 원인이라 생각되어 근력운동을 추가적으로 해보기도 하였습니다. 하지만 실기 측정값은 그대로였고 고민 끝에 기술적인 부분이 부족하다는 것을 깨달았습니다. 그래서 저는 학교 체육선생님께 도움을 구했고 2주에 한 번씩 선생님께서는 저에게 제자리멀리뛰기, 싯업, 10미터 뛰기에 대한 기술들을 알려주셨습니다. 또한 체대 입시를 준비하신 학교 선배님과의 만남을 통해 선배님께서 준비하신 과정과 그 밖의 다른 정보들을 접하며 실기 능력이 한 걸음 더 발전할 수 있었습니다.

이러한 노력들로 저는 제가 선택한 길에 대한 자신감을 얻을 수 있었고, '내가 선택한 길은 틀리지 않았다'라는 진로에 대한 확신까지 생겼습니다.

자신의 진로는 체육쪽인데 왜 예고나 체육고등학교가 아닌 외고를 선택하게 되었는지 이유를 넣어 다시 작성하도록 피드백했다. 차가운 시선과 갈등을 왜 겪어야 하는지 이유가 설명되어 있지 않아 면접관이 다시 질문할 가능성이 크다. 또한 문법적인 오류도 있는지 체크하였다.

저는 젊은 시절 조정 선수로 활동하셨던 어머니, 마라톤 지역 대표이신 아버지 밑에서 유년 시절을 보냈고, 부모님께서 주말마다 저와 동생을 데리고 종합경기장에서 축구를 하고 수영장에 데리고 가는 등 스포츠와 밀접한 환경에서 자랐습니다. 그래서 자연스럽게 스포츠와 활동적인 것에 흥미를 가지게 되었고 진로 또한 스포츠계로 방향을 정할 수 있었습니다. 특히 저는 2012년 런

던올림픽에서 신아람 선수가 독일 브라타 하이데만과 연장전에서 종료 '1초'를 남기고 겪은 억울한 경기 판정을 보고 IOC 위원장이 되어야겠다고 결심하였습니다.

저는 외국 선수나 감독 혹은 IOC 위원들과 소통하기 위해서는 외국어 능력이 필요하다고 생각하여 외고에 진학했습니다. 하지만 외고에 진학하게 되면서 쉽지 않은 길을 걸어야만 했습니다. 먼저 학교에는 예체능 계열로 진학하려는 학생들이 소수이다 보니 차가운 편견의 시선을 감수해야만 했습니다. 또한 보충시간을 활용하여 실기를 준비하는 인문계 학교와는 달리 기숙사 생활을 했던 저는 실기를 준비할 환경이 마땅치 않았습니다. 그렇지만 저는 '내가 할 수 있다는 것을 보여주자!'라는 마음을 가지고 실기 능력을 키웠습니다.

저는 체육고등학교에 진학한 학생들과 비교하면 평범한 신체 능력을 가지고 있다고 생각해 실기 준비에 많은 노력을 하였습니다. 기숙사 기상시간보다 더 이른 새벽 6시에 일어나 학교 운동장을 20분 뛰고 10분 동안 유연성을 증진시키는 스트레칭을 하였습니다. 그리고 오래 매달리기, 스쿼트 등과 같은 실기에 간접적으로 도움을 줄 수 있는 운동을 하였습니다. 학교 일과 중에는 1kg의 모래주머니를 양쪽 발목에 차고 생활하고 점심시간과 저녁시간에는 러닝머신, 싯업을 했으며 야간자율학습이 끝난 뒤 기숙사에 와서는 다시 싯업 300개를 채웠습니다. 또한 매달 1일에는 저만의 테스트를 하여 얼마만큼 성장했는지를 확인하였습니다.

처음에는 성장하는 모습을 보이는 것 같았지만 어느 순간부터 기록이 정체되는 시기가 있었습니다. 저는 운동량을 늘려보기도 했고 근육량이 부족한 것이 원인이라 생각되어 근력운동을 추가적으로 해보기도 하였습니다. 하지만 실기 측정값은 그대로였고 고민 끝에 기술적인 부분이 부족하다는 것을 깨달았습니다. 그래서 저는 학교 체육선생님께 도움을 구했고 2주에 한 번씩 선생님께서는 저에게 제자리멀리뛰기, 싯업, 10미터 뛰기에 대한 기술들을 알려주셨습니다. 또한 체대 입시를 준비한 학교 선배와의 만남을 통해 선배님이 준비한 과정과 그 밖의 다른 정보들을 접하며 실기 능력이 한 걸음 더 발전할 수 있었습니다. 이러한 노력들로 저는 제가 선택한 길에 대한 자신감을 얻을 수 있었고, 진로에 대한 확신까지 생겼습니다.

다음은 KAI(한국항공우주산업주식회사)에 지원한 입사지원서이다. 지원분야와 관련된 업무성과 및 경험을 어떻게 써야 할지 몰라 필자에게 컨설팅을 의뢰하였다. 기존에 했던 업무를 토대로 자신이 기여한 바와 깨달은 점을 자세하게 기술하여야 한다, 자신의 전문성을 논문으로 인정받은 경험 역시 아주 좋은 경험이므로 충분히 기술하여야 한다, 해당 논문에 대해 면접에서 질문할 수 있으니 면접 시에는 논문을 다시 숙지하여야 한다고 하였다.

** 지원분야에 관련된 업무성과 및 경험

제가 전문연구요원으로서 입사했을 때 처음 맡은 업무는 소형 풍력발전기의 공력성능 예측이었습니다. 당시 회사에서는 중국에서 블레이드를 무작정 구매하였다가 소형 풍력발전기에 적용 시에 어떠한 회전속도로 어떤 출력을 내는지 알지 못하고 연구를 진행하고 있는 상태였습니다. 저는 대학원에서 대형 풍력발전기의 제어기를 연구하였던 경험을 살려 중국 측에 블레이드의 에어포일 형상 및 비틀림각, 시위선 길이 등의 정보를 요청하고 이를 이용하여 엑스-포일x-foil 등의 프로그램으로 공력 값을 계산하였습니다. 계산된 값으로 정확히 풍력발전기 시뮬레이터에 모델링하여 현재 목표하고 있는 소형 풍력발전기가 원하는 성능에 도달하기 위해서는 회전 반경과 회전 속도가 더욱 증가되어야 하며 이를 위해서는 구조 설계를 다시 진행하여야 한다고 도출된 데이터와 함께 보고하였습니다. 이를 시작으로 재설계가 이루어졌으며 업무에 대한 능력을 인정받아 소형 풍력발전기의 피치각 제어를 위하여 스프링 - 댐퍼 형식의 수동형 피치 제어기를 설계하는 프로젝트를 맡게 되었습니다. 이를 위하여 NX를 이용하여 수동형 피치 제어기를 3D CAD로 지오메트리geometry 형상을 모델링하고 이를 입력으로 피칭 모멘트, 출력으로 피치각을 갖는 2차 스프링 - 댐퍼 방정식으로 유도하였습니다. 유도한 방정식을 토대로 시뮬링크simulink 환경에서 수동형 피치 제어기를 모델링하였고 풍력발전기 시뮬레이터와 연동하여 낮은 바람에서는 피치각을 0도로 유지하고 높은 바람에서는 피칭 모멘트에 따라 피치각이 변하는 스프링 및 댐퍼 상수를 알아냄으로써 스프링과 댐퍼를 선정하여 수동형 피치 제어기를 개발할 수 있었습니다. 이러한 성과를 국내 학술대회에서 발표하여 우수논문상을 수상하였으며 시제기 개발을 무사히 완료할 수 있었습니다.

다음은 한국장학재단에서 부멘토를 하며 GS칼텍스에 지원하고자 하는 학생의 자기소개서를 피드백한 내용이다.

⊙ **남들과 차별화 되는 본인만의 특별함(능력/경험 등)은 무엇입니까?(300자)**

교내 외국인 유학생들과의 스터디그룹 활동을 한 경험이 있습니다. 외국인 친구들에게 먼저 다가가서 낯선 유학생활을 적응하는데 도움을 주었습니다. 그들과 스터디 활동을 하면서 세상을 보는 눈이 보다 넓어졌습니다. 이후 교환학생으로 필리핀 산호세대학에서 공부를 하게 되었습니다. 짧은 영어실력을 극복하기 위해 적극적으로 다가갔으며 다양한 사람들과 대화하면서 열린 사고와 행동을 할 수 있게 되었습니다. 이러한 경험들을 통해 새로운 환경에서 직면한 문제를 스스로 해결할 수 있는 능력을 키울 수 있었고 어학 실력도 향상시킬 수 있었습니다.

정말 미안한 말이지만 전혀 특별함을 느낄 수가 없다. 어떤 경험과 생각이 GS칼텍스의 입장에서 특별함일까? 앞에서도 말했지만 기업의 최종 목적은 '이윤추구'라고 했다. 그 포인트를 잊지 않고 특별한 능력과 경험을 코칭하면 다음과 같다.

** 피드백

이 능력과 경험도 GS칼텍스와 관련되게 작성해야 하는데요. 예를 들면 GS칼텍스에서 어떤 직무를 맡고 싶은가요? 연구직인가요? 영업직인가요? 사무직인가요? GS칼텍스의 조직도를 확인하시고, 자신이 꼭 들어가고 싶은 부서가 어디인가요? 예를 들면 GS칼텍스 영업직이라고 해볼께요. 그러면 영업직에 필요한 역량이 무엇인가요? 주유소 사장님을 공략해야겠죠. 그럼 주유소의 시스템에 대해서 아셔야겠네요.

그리고 GS칼텍스가 단순히 기름만 파는 회사가 아니라 수출 비중이 71퍼센트나 되는 수출회사라고 합니다. 그렇다면 필요한 역량이 무엇인가요? 어학은 기본이고 환율, 계약용어, 국제유가, 국제동향 등의 역량이 필요합니다. 예를 들어 환율을 매일 체크하기 위해 외환통장을 만들었는지, 환율이 100원 올라가면 GS칼텍스에 어떤 영향을 미치는지 등······.

그리고 미래전략팀(우리가 더하는 아이디어, 위디아)를 올해 1월에 만들었다고 합니다. 미래전략팀에서 연구하는 것은 전기차, 자율주행차, 카셰어링, 바이오케미칼, 복합수지 사업, 4차 산업 등 미래동력이 될 수 있다면 범위를 제한 두지 않고 있다고 합니다.

한국장학재단 오리엔테이션에서 최재붕 교수님이 하신 말씀 기억나시죠? 4차 산업혁명 등 신사업을 이야기할 때 데이터 기반으로 이야기하는 것, 유망한 사업이라고 생각하는 분야를 정하고, 왜 그렇게 생각하는지 데이터에 기반해서 생각해주세요. 구글 데이터, 네이버 데이터 등 최대한 활용하시구요. 잘할 수 있을 거예요. 파이팅!

자기소개서에 정답은 없다. 지원자는 자기소개서를 통해 면접관을 사로잡아야 한다. 학교에서 원하는 학생은 어떤 학생인가? 회사에서 원하는 사람은 어떤 사람인가? 면접관을 사로 잡기 위해서 학생이 들어가고자 하는 학교나 회사를 철저히 분석하게 해야 한다. 학교에 입학하기 위해서는 학교와 해당학과 교수님의 연구, 저서, 뉴스를 분석하여 학생이 어떻게 연구해왔는지, 입학하면 어떻게 연구할 것인지 자기소개서에 담아야 한다. 회사에 입사하는 것이 목적이라면 들어가고자 하는 회사가 처한 문제점과 신규 사업을 철저하게 분석해 준비해야 한다.

스펙을 위해 특이한 경험도 일부러 만드는 왜곡된 사회와 노력이 안타깝다. 이런 현상을 줄이고 자기소개서가 자기 소설이 되지 않으려면 기본적으로 학교생활을 충실히 해야 한다. 희망하는 전공과 관련된 독서, 동아리, 교내 수상 실적, 자원봉사 등 비교과 영역의 경험을 성실히 수행하여 전공 적합성과 학업수행능력을 충분히 드러내도록 하자. 자기소개서는 없는 말을 지어내서 쓰는 것이 아니라 자신의 경험을 토대로 간결하고 진정성있게 쓰는 것이다. 평소 이 같은 원칙을 지키며 준비한 학생이라면 자신 있게 자기소개서를 쓸 수 있을 것이다.

진로인성디자인 상담 사례 ----------

∞∞ 상담자 : P군 / 의대 휴학 중 ∞∞

[검사 결과]
- DISC 검사 : SC(관리자형) / 희망직업 : 관제사, 작가, 작곡가
- 다중지능검사 : 언어지능, 자기성찰지능, 공간지능 / 희망직업 : 소설가, 작가, 시인
- 홀랜드 검사 : 예술형, 사회형, 탐구형 / 희망직업 : 작가

P군은 의대 4학년으로 휴학 중인 학생이다. 그런데 그의 적성은 예술형에 가까워 희망직업은 작가, 시인, 작곡가였다. 의대 생활을 하며 음악밴드, 미술 아크릴화, 농구, 영화, 게임 등 다방면에 관심이 많아 다양한 동아리 활동을 하고 있다.

의사가 딱히 적성에 맞다고 생각은 들지 않으나 자신이 좋아하는 일을 하기 위해 돈을 벌어야 하므로 의사를 하려고 한다고 했다. 이상과 현실 중 무엇을 선택할 것인가는 오로지 본인의 몫이므로 휴학 시기에 글을 써보며 자신을 단련하는 시간을 가져보면 좋겠다고 상담하였다.

그는 자신에게 엄격하고, 상처를 받기 쉬운 성격이라고 했다. 또한 마음 속에 쌓아두는 경우가 많아 휴학을 선택했다고 했다. P군은 오늘 상담을 통해 잊고 있었던 인문학적 성향이 생각나 느낌

이 새롭다고 했다.

　　세심하고 문학적 소양이 많은 P군에게 《이반 데니소비치, 수용소의 하루》를 추천하였다. 모든 것이 제약받는 수용소에서 시간의 흐름에 따라 주인공의 심리를 상세히 알 수 있기 때문이다. 나는 소설 속의 주인공 심리와 P군의 의식이 동일할 것 같다는 생각이 들었다. 조심스럽고 소극적이지만, 마음 속에서는 사회적 통념에 기반해 다른 사람을 비꼬고 있을 것 같다고 생각했기 때문이다. 일종의 거울 효과를 기대한 것이다.

　　P군은 휴학 중이었기에 시간 계획을 짜보도록 권유했다. 예술형이었기에 자유분방하고, 자신만의 스타일로 계획표를 꾸미는 것에 흥미를 보였다. 사회형과 탐구형의 특성이 둘 다 있어서 나와 마음이 잘 맞는 친구 한두 명과 계획표를 짜고 서로 확인하도록 코칭하였다.

∞∞ 상담자 : J군 / 치대 재학 중 ∞∞

〈검사 결과〉
- DISC 검사 : ICD(업무협상가형) / 희망직업 : 법조인
- 다중지능검사 : 논리수학지능, 인간친화지능, 자기성찰지능 / 희망직업 : 법조인, 개그맨
- 홀랜드 검사 : 사회형, 탐구형, 진취형 / 희망직업 : 운동선수, 의사, 법조인

J군은 머리만 좋은 것이 아니라 인간관계에 대한 중요성도 알고 있었으며 야심이 매우 큰 학생이었다. 검사 결과만 보고 "욕심이 정말 대단하다"라고 감탄할 만큼 공부도 일등, 인간관계도 일등인 학생이었다. 전문직으로만 만족하기 어려울 것 같은 성격인 것 같다고 했더니 맞다면서 자신은 의사보다는 법조인이 될 것 같다고 했다.

워낙 야심과 목표의식, 행동력이 있는 학생이라 따로 조언해줄 것은 없었지만 기업형의 특징이 있어 큰 틀에서 계획을 짜고 세부계획을 짜기로 하였다. 또한 자신이 잘하는 것을 조금 더 집중해서 발달시켜보자고 했다. 그래서 방학을 활용해 멘토링 자원봉사로 중고등학생에게 치대 진학 진로 상담을 하기로 했다.

∞∞ 상담자 : U군 / 고등학교 1학년 ∞∞

〈검사 결과〉
- DISC 검사 : IS(격려자형) / 희망직업 : 간호사, 사회복지사, 치료사
- 다중지능검사 : 인간친화지능, 신체운동지능, 자기이해지능 / 희망직업 : 간호사, 군인, 심리치료사
- 홀랜드 검사 : 사회형, 진취형, 관습형 / 희망직업 : 간호사, 사회복지사, 상담사

U군은 할아버지가 쓰러져서 중환자실에서 겪었던 사례를 들어 간호사가 되고자 희망하였다. 매우 목표가 뚜렷하고 동기가 정

확히 있었기에 진로 상담에도 매우 적극적이었다.

U군은 나이에 상관없이 잘 지낸다는 장점도 있었다. 자원봉사 프로그램을 운영하는 병원에서 환자들과 말벗을 하고 그 경험을 통해 환자와 소통 능력을 키우기로 했다. 또한 사회복지기관에 자원봉사를 신청해 노인, 장애인 등 사회적 약자의 특성에 대해 분석할 수 있도록 상담하였다.

U군이 할아버지로 인해 병원에서 겪었던 불편함은 U군이 추후 간호사가 되어 환자를 잘 간호하겠다는 직업 소명의식으로 발전하였다. 그래서 간호사로 근무하면서 자기계발을 꾸준히 하며 환자를 간호하고 상담하면서 겪은 경험으로 환자와 의료인에 대한 심리책을 내겠다는 계획도 세우고 이를 실천하면서 글로 정리해두기로 하였다.

∞∞ 상담자 : H군 / 고등학교 1학년 ∞∞

〈검사 결과〉
- DISC 검사 : SIC(상담자형) / 희망직업 : 보안프로그램 개발자, 데이터베이스 관리자
- 다중지능검사 : 논리수학지능, 인간친화지능, 자기성찰지능 / 희망직업 : 컴퓨터 프로그래머
- 홀랜드 검사 : 관습형, 탐구형, 현실형 / 희망직업 : 엔지니어, 연구원

H군은 숫자를 좋아하고, 다른 사람의 느낌에 민감하며 특정 활동에 대해 좋고 싫음이 분명한 강점을 가지고 있다. 대화를 할 때 목소리가 작은 편이고 표정에 변화가 적었는데 전형적인 이성 좌뇌형이었다. 이런 경우에는 정말 신기하게도 컴퓨터 프로그래머나 수학자를 선호한다. 검사를 하지 않았어도 아이들은 직감적으로 자신의 적성과 관련된 직업을 평소 생각하고 있기 때문이다.

적성과 희망하는 직업이 일치하기 때문에 이런 경우 동아리 활동, 독서 활동, 멘토링 자원봉사 활동 시 희망하는 진로와 직업에 맞춰 진로인성디자인을 스스로 계획하게 하면 된다. 교사는 아이의 계획서를 보고 추후 그것을 잘 지키고 있는지 확인만 하면 된다.

이 아이들한테는 고장난 컴퓨터나 휴대 전화 등을 분해하게 해서 부품의 기능에 대해 같이 공부할 수 있는 동아리를 구성하게 하는 것도 좋다. 기계에 관심이 많은 멘토가 있다면 금상첨화다. 스티브 잡스도 아버지의 자동차 수리를 도우며 하드웨어에 대한 지식을 익혔듯이 미국의 아이들은 차고에서 차수리를 도우며 창의력을 높인다고 한다.

아이들과 진로 인성 상담을 해보니 일관적인 법칙이 없다. 각 아이들이 처한 상황이나 관심도가 매우 다르기 때문이다. 교사는

DISC 검사, 다중지능검사, 홀랜드 검사를 비롯하여 아이의 두뇌 성격, MBTI 등 검사 결과를 종합하여 학생의 상황에 맞는 진로·인성디자인을 코칭할 줄 알아야 한다.

각기 다른 학생들이지만 공통적으로 준비해야 할 것이 있다. 바로 학교생활기록부의 비교과 영역이다. 비교과 영역은 교내 수상, 동아리 활동, 독서 활동, 자원봉사로 구성되어 있으니, 학생의 진로만 확인되면 진로와 관련된 비교과 영역을 계획하고 그것을 실천할 수 있도록 하면 된다. 종합적으로 계획하기에 어려움을 느낀다면 지금 할 수 있는 활동을 미션으로 부여해 한 단계 한 단계 수행하며 자주 확인하는 것도 한 방법이다.

만약 대학생이라면 NCS에 맞춰 준비할 수 있도록 상담하면 된다. 원하는 기업과 직업을 선정해 직업기초능력과 직무수행능력을 준비하는 것이다. 각 기업마다 요구하는 것이 다르니 온스펙 또는 인재채용 사이트를 확인하자.

진로 설계 참고 사이트

사이트명	인터넷 주소	내 용
교육부 나이스 홈페이지	www.neis.go.kr	학교생활기록부 확인 – 좋아하거나 잘하는 과목, 진로 희망사항, 과목별 성적 확인 – 학생은 미리 확인하여 오타나 수정사항이 있으면 미리 담임과 상담할 것
자원봉사 포털 사이트	www.vms.or.kr	보건복지부 사회복지 자원봉사 인증관리 사이트
	www.nanumkorea.go.kr	행정자치부 자원봉사 사이트, 자원봉사 실적 나이스와 연계
	www.youth.go.kr	청소년 자원봉사 포털 사이트. 청소년들이 쉽고 편리하게 자원봉사에 대한 정보검색, 신청, 실적 확인이 가능한 원스톱 서비스
서울진로 진학정보 센터	www.jinhak.or.kr	진로 정보, 직업 정보, 진로적성검사, 대학진학, 고교진학 정보 제공
꿈길	www.ggoomgil.go.kr	교육부 자유학기제 지원센터 진로 직업 체험 프로그램
고용 노동부 워크넷	www.work.go.kr	워크넷 〉 직업 · 진로 〉 직업심리검사 – 청소년(10종)과 성인(13종)을 대상으로 총 23종의 검사 가능 – 인터넷 검사 시 검사 결과 즉시 출력 가능 – 직업정보, 학과정보, 진로 상담 등 커리어 설계 시 전반적인 도움 제시

사이트명	인터넷 주소	내 용
교육부 커리어넷	www.career.go.kr	교육부 진로교육 사이트 진로심리검사, 진로 상담, 직업 · 학과 정보, 교육자료 등 커리어 플래너 탑재
에듀넷	www.edunet.net	교과주제별 학습자료, 우수수업 동영상, 주제별 사진 · 영상자료 등 다양한 학습자료 제공
드림 포에버	www.dream4ever.co.kr	꿈과 희망의 길잡이가 되고자 청소년들에게 직업의 세계와 '인터넷을 통한 어린이 꿈 가꾸기 프로그램' 진행
청소년 사이버 상담센터	www.cyber1388.kr,447	– 청소년의 일상적인 고민 상담부터 가출, 학업 중단, 인터넷 중독 등 위기에 이르기까지 상담 제공 – 청소년상담사, 청소년지도사, 사회복지사 등 국가자격을 소지하거나 일정기간 청소년상담복지 관련 실무경력을 갖춘 전문상담사가 전국 220여 개 청소년상담복지센터에서 근무하고 있으며 365일 24시간 운영
한국 잡월드	www.koreajobworld.or.kr	경기도 성남에 위치한 국내 최대 규모의 직업 체험관 고용노동부 산하 공공기관
EBS 리틀소시움	www.littlesocium.com	미래의 직업을 현실과 똑같은 환경에서 경험해볼 수 있는 직업 체험 테마파크
키자니아	www.kidzania.co.kr/intro	어린이 직업 체험 테마파크
크레존	www.crezone.net	창의 체험 활동, 현장 체험 학습존 등 수학여행과 결합한 교육적인 모델 제시

사이트명	인터넷 주소	내 용
한국과학 창의재단	www.kofac.re.kr	미래사회를 주도할 과학기술을 우리 사회에 널리 확산시키고, 창의와 열정이 가득한 인재를 육성하여 국가 발전에 기여하고자 설립된 전문기관. 다양한 과학 관련 행사 및 대회 개최
국가수리 과학 연구소	www.nims.re.kr	실생활에 쓰이는 수학 원리, 기술 체험 등
국립현대 미술관	www.mmca.go.kr/ main.do	미술관아트스쿨(큐레이터 – 아티스트 체험), 청소년대상교육 〈Teens Fab Lab〉, 장애인대상 미술관 교육 프로그램, 출발! 작품속으로 등 진행
경찰 박물관	www.policemuseum. go.kr	경찰의 역사, 계급, 순직경찰 추모, 과학수사, 마약수사, 경찰 체험 등
서울동부 지방법원	http://sldongbu. scourt.go.kr	법원의 날, 각 실·과 업무안내 및 체험, 판사실 방문, 재판방청, 검찰청의 검사와의 대화, 조사실 체험, 경찰서는 종합상황실, 각 실·과 체험
네이버 진로 체험교실	www.playsw.or.kr/ main	소프트웨어야 놀자 프로그램 소프트웨어란, 선배와의 멘토링, 소프트웨어 만들기 체험 등
한국대학 교육 협의회	www.kcue.or.kr	대학입학과 관련한 여러 가지 궁금한 사항 확인 공통원서접수, 대입정보포털, 대학알리미 등
K – mook	www.kmooc.kr	MOOC(Massive Open Online Course)란 온라인을 통해서 누구나, 어디서나, 원하는 강의를 무료로 들을 수 있는 공개강좌 서비스

사이트명	인터넷 주소	내 용
KOCW	www.kocw.net	KOCW(Korea Open CourseWare)는 한국교육 학술정보원(KERIS)에서 제공하는 고등교육 교 수학습자료 공동활용 서비스로 KOCW 사이트 를 통해 국내 대학 및 기관에서 개발한 우수 고등교육 이러닝 콘텐츠와 해외 고등교육기관 들의 강의자료를 무료 이용 가능
서울대 무료 강좌	http://etl.snu.ac.kr/ login.php	서울대학교 온라인 무료 강의 서비스
전 세계 무료 강좌	www.coursera.org	전 세계 대학의 무료 강의 제공
테드	www.ted.com	18분 이내로 짧고 강렬한 강연 제공. 뛰어난 사람들의 영감과 생각을 알 수 있다.

제 5 장

현장에서 꿈을 찾자

지역 사회 전체가 학교다

01

한 아이를 키우려면
온 마을이 필요하다

> 다양하게 시도해야만 자신의 열정을 분명히 알 수 있다. 열정을 발견하는 일은 끊임없는 실험뿐이다.
>
> – 마사 스튜어트의 《아름다운 성공》 중에서

마사 스튜어트는 마사 스튜어트 리빙 옴니미디어의 회장이자 미국에서 가장 영향력 있는 25인에 선정된 성공한 사업가이다. 그런데 그녀의 전공은 역사, 건축역사이고, 그녀의 전직은 모델, 증권 중개인, 부동산 중개업이다. 그러나 크게 흥미를 느끼지 못하고 집에서 파이를 구워서 동네에 판 계기로 인하여 점점 입소문을 타 300명의 하객이 초대된 결혼식장에 음식을 공급하는 케이터링 catering 사업에 뛰어들면서 그녀는 성공한 사업가가 된다.

전공과 전혀 다른 직업을 갖는 사람이 많다. 나 역시 전공은 무역학과지만 평생교육사로 일하고 있고, 내 친구는 생물교육학과가 전공이지만 수학 선생님으로 근무한다. 건축공학과를 졸업한 지인은 현재 직업상담사로 근무하고 있다.

자신의 적성을 제대로 알기란 쉽지 않다. 《국회 보좌관에 도전하라》의 서인석 저자는 '한 인간이 갖고 있는 적성이란, 나이를 먹었다고 해서 또 10년 넘게 한 분야에 매진하고 있다고 해서 쉽게 찾을 수 있거나 혹은 저절로 알 수 있는 건 아니다'라고 하였다.

중학생 때 돈을 벌어보고 싶다는 생각에 신문배달, 아파트에 전단지 뿌리기 아르바이트를 해봤다. 그러나 엄마가 아시고는 "학생이 공부는 안 하고 뭐하는 것이냐"라며 못하게 해서 하루 만에 그만두었다. 그 뒤로 딱히 뭐가 하고 싶다는 생각 없이 중고등학생 시절을 보냈다. 무엇이 되고 싶다는 꿈이 없으니 공부를 하고 싶다는 동기부여가 되지 않았다. 당연히 성적이 잘 나올 리 없었다. 대학생 때는 약국, 서점, 음식점, 패스트푸드, 학원 등 다양한 경험을 했다. 그러면서 내린 결론은 교육 분야에서 일을 해야겠다고 생각했고 그 분야의 공부를 시작했다. 25살이 되어서야 내가 원하는 공부를 하며 재미를 느꼈다.

나는 다양한 경험을 통해 내 진로를 찾은 케이스다. 하지만 조금 아쉬웠던 건 각 회사들이 어떤 일을 하는지 정확하게 모른 채 진로를 선택한 점이다. 만약 조금 더 정보가 있었다면 나는 지금 어떤 삶을 살고 있을까? 그래서 나는 지역 사회가 중고등학생에게 다양한 경험을 제공해야 한다고 생각한다.

지금은 다양한 직업 체험들이 개발되어 있다. 한국잡월드, EBS리틀소시움, 키자니아 등 직업테마파크를 활용하여 다양한 직업을 체험할 수 있다. 직업테마파크는 원하는 직업을 선택하여 체험할 수 있다는 장점이 있지만, 현장에서 일하는 형태가 아니라 프로그램 형태로만 운영하기 때문에 역할놀이 같은 개념 정도라는 게 조금 아쉽다.

중고등학생 때는 진짜 현장 체험이 중요하다. 그 공간만의 특성, 그곳에서 일하는 직원들의 눈빛, 표정, 말투를 아이들이 직접 경험할 수 있기 때문이다. 아이들과 3D프린터로 드론을 만든 업체를 방문하여 대표님과 직접 가진 멘토링 시간은 아이들이 미래에 어떤 직업을 가져야 할지에 대해 진지하게 생각하는데 도움이 되었다. 대표님은 현재 가장 큰 관건은 배터리 기술이라고 하였다. 앞으로 제조업은 사라질 것이라며 1대 1 맞춤형 제작이 저렴한 가격으로 가능한 시대이니 소비자의 마음을 담아내는 디자이너의 수요가 높아질 전망이라고 하였다. 자신이 처음 길을 닦아놓았으니 다음 세대인 청소년들이 이 분야를 더욱 발전시켰으면 좋겠다고 하였다.

인생에서 성공하려면 좋아하는 일 또는 잘하는 일을 직업으로 삼아야 한다고 생각한다. 그러나 아이들이 직접 경험해보지 않으면 자신이 무엇을 좋아하는지, 잘하는지 알 수 없다. 아이들이 진로를 정하기 전에 다양한 직업을 경험할 수 있도록 도와주고 롤 모델을 정할 수 있게 해야 한다.

지역 사회의 도움이 절실하다. 기업이나 기관에서 사회공헌 사업으로 청소년 진로 직업 체험을 개발해 아이들이 기업(기관)과 직업에 대해 정보를 탐색할 수 있도록 해야 한다. 기업에서 청소년 진로 직업 체험을 운영해 기업 대표의 가치와 철학, 현재 진행 사업, 앞으로의 신사업 분야를 경험할 수 있게 한다면 아이들이 기업에 대한 이해가 높아지고, 원하는 기업을 목표로 한 우수한 인재가 될 수 있다. 또한 체험한 아이들이 잠재고객이 될 수 있으므로 많은 기업들이 청소년 진로 직업 체험에 적극적인 관심을 가졌으면 좋겠다.

여성동아 '2015년 7월호 조영재 기자의 기사에 의하면, 청소년 직업 체험 프로그램으로 국립현대미술관의 큐레이터, 아키비시트 체험 프로그램, EBS 방송 직업 체험, 경찰박물관의 경찰 직업 체험, 서울동부지방법원의 법원 체험 프로그램, 인천평생학습관과 코레일 공항철도가 함께 운영하는 철도 직업 체험, 넷마블의 게임 만들기 체험, 네이버 진로 체험 교실 등이 있으나 시골에 있는 학생들까지 혜택을 받기 위해서는 더 많은 기업들이 참여해야 한다'고 하였다.

진로교육법이 2015년 12월 23일에 시행되었고, 2016년 자유

학기제가 전면실시 되었다. 앞으로는 자유학년제로 자유학기 시
간이 170시간에서 221시간으로 늘어난다. 이 시간에 학생 스스로
목표를 세우고 진로를 계획할 수 있게 해야 한다. 또한 학교는 그
러한 아이들의 활동을 지원해야 한다.

그러나 일부 학교에서는 지역 사회로 나가 아이들에게 다양
한 직업을 체험하게 하기보다 학교 내에서 강사를 불러 단체 강의
를 하거나 교사들이 직접 진행한다. 외부에 나가는 게 힘들기 때
문이다. 또한 아이들이 적성검사를 하더라도 현실적인 조건 때문
에 원하는 직업을 체험하는 게 쉽지 않다. 각각 개개인 맞춤형으
로 직업 체험을 할 수 있도록 기반을 조성하는 것도 우리의 과제
이다.

서울, 경기권을 제외하면 기업에서 진로 직업 체험 프로그램
을 운영하는 경우가 거의 없다. 또한 각각의 정보들이 흩어져 있
어 정보를 접하기가 쉽지 않다. 진로 직업 체험처를 등록하는 꿈
길 사이트(www.ggoomgil.go.kr)가 2015년에 만들어졌지만 아직까
지 활용도가 높지 않다.

교육과 지역 사회가 유기적으로 연결되기 위해서 지역교육청
과 지자체의 역할이 무엇보다 중요해지고 있다. 지역교육청은 지
역 사회의 기관들이 청소년을 위한 직업 체험 프로그램을 개발ㆍ

운영할 수 있도록 지원해줘야 한다. 평생교육진흥원, 평생학습관, 지자체도 직업 체험 프로그램을 개발하는데 같이 노력해야 한다.

기업 역시 청소년을 위해 무엇을 해줄지 고민해야 한다. 직업 체험처의 멘토는 왜 이 직업을 선택하게 되었는지, 기업이 어떤 사업을 수행하는지, 어떤 보람이 있는지, 어려움은 무엇이고 앞으로의 발전 방향은 무엇인지 등 현장에 대한 생생한 정보를 전달할 수 있어야 한다. 또한 아이들이 체험할 수 있는 아이템을 개발해 흥미를 이끌어 내는 것도 중요하다.

지역 사회의 모든 기관이 아이들에게 다양한 경험을 통해 자신이 무엇을 좋아하는지, 무엇을 잘하는지 탐색하고 전공을 선택할 수 있도록 도와줘야 한다. 한 아이를 키우기 위해 온 마을이 필요한 것이다.

02

19세기 교실 · 20세기 교사 · 21세기 학생

> 한국의 학생들은 하루 15시간 동안 학교와 학원에서 미래에 필요하지도 않은 지식과 존재하지도 않을 직업을 위해 시간을 낭비하고 있다.
>
> – 앨빈 토플러Alvin Toffler

앨빈 토플러는 저명한 미래학자이자 세계적인 베스트셀러 작가이다. 그는 "한국이 제1, 2, 3의 물결을 이룬 유일한 나라"라고 하였으며, 지식기반 경제로 급변하는 지금이 한국의 기회라고 조언했다. 교육체계를 바꾸는 대신 교육체계의 대안을 만들어내야 하며 이것이 한국의 과제라고 하였다.

최근에 학업성취도 평가에 회의를 느끼는 사람들이 늘고 있다. 앞에서도 소개한 김승환 교육감은 낙후된 교육시스템인 학업성취도로 21세기 학생을 평가하는 것에 크게 신경 쓰지 않는다고 말한다. 학업성취도 결과보다 아이들의 창의력, 언어능력, 토론능력을 중요시 여긴다고 했다.

명견만리에서 백다은 교사는 '세상에 없는 직업 만들 준비 됐나요?'라는 주제로 강연을 하였다. 그녀의 학생들은 인공지능의 미래가 너무 두렵다고 한다. 미래가 어떻게 변할지 예측이 불가능하기에 더욱 불안하다. 그녀는 아이들과 새로운 미래와 직업을 상상하는 '어린이 진로 상상 연구소'를 진행했다. 공에다 서른 개 정도 되는 단어를 넣어 두 개씩 뽑는 것이다. 단어의 조합으로 새로운 직업이 탄생한다. 예를 들면 '우주 + 안내하다'가 조합되어 '우주 안내원'이라는 직업을 생각한 것이다. 바다 건축가, 3D프린터 요리사, 게임 중독 치료사, 사운드 디자이너 등 상상력을 동원하여 직업을 만든다.

상상하는 모든 것이 직업이 될 수 있다. 그러기 위해서는 20세기 낡은 교육을 탈피해야 한다. 새로운 직업을 상상하게 하고, 현장에서 체험할 수 있어야 한다. 아이들이 나만의 직업연구소를 운영할 수 있도록 해 미래의 직업 세계에 대해 연구해야 한다. 관련 분야를 독서토론하게 하고, 현장을 체험하게 한다. 한 분야를 연구해 그 분야의 전문가도 놀라게 하는 영재발굴단의 아이들을 보면 답이 보인다.

영재발굴단의 휴대 전화 영재인 성윤이의 지식과 상상력은 삼성연구진도 놀라게 했고, 자동차 영재 건이는 뺑소니를 검거하는 쾌거를 이뤘다. 성윤이와 건이 부모님은 아이가 공부는 안 하고, 휴대 전화만 한다고, 자동차만 가지고 논다고 걱정하였다. 하지만 현장과 연결되었을 때 아이들의 재능은 빛을 발했고 누구 하나 더 이상 공부를 문제 삼지 않았다. 오히려 자랑스러운 아이들이 되었다.

교육부와 교육청은 우리의 미래를 위해서 지역 사회의 자원을 이용해 '현장 중심 진로 체험 프로그램'을 다양하게 개발해야 한다. 기업들은 미래의 인재 육성과 사회 공헌 차원에서 직업 체험 프로그램을 개발하고 운영해야 한다. 홈페이지에 진로 직업 체험 신청 페이지를 구축해 수요자가 원하는 시간에 체험에 참여할 수 있으면 더더욱 좋을 것이다.

직업 체험의 정원은 10~15명이 적당하다. 직업 체험 전 인터넷이나 단체 활동을 통해 기업과 직업에 대한 사전조사를 하면 더욱 효과적이다. 또한 직업 체험 후에는 육하원칙으로 보고서를 작성해 포트폴리오로 활용한다.

교육청(진로직업체험센터)에서 현장 중심 진로 체험 프로그램을 개발할 경우에는 먼저 기업 대표의 의지를 확인하고, 기업 담당자 지정을 요청한다. 담당자는 홍보·마케팅이나 직원교육을 담당하고 있는 사람이 적당하다. 진로 프로그램을 개발할 때 협약식도 잊어서는 안 된다. 담당자가 바뀌면 진로 체험 프로그램을 개발한 사실조차 없어질 수 있기 때문이다.

　담당자가 정해졌으면 기업의 조직도, 홍보자료, 부서에 대한 설명, 안내, 장비 등 기초자료를 받는다. 또한 아이들이 체험할 프로그램도 요청한다. 프로그램은 2~3시간이 적당하다. 보통 대표와의 인사, 멘토링, 각 부서 설명 및 라운딩 후에 체험을 진행하는데 내 경험상 체험을 먼저 하고 나서 대표와의 인사, 멘토링, 각 부서 설명 및 라운딩을 했을 때 좀 더 흥미를 느꼈다. 체험 후 피드백시간과 보고서 작성도 꼭 필수로 해야 한다.

　이제 21세기 교육으로 나아가야 한다. 칸 아카데미의 살만 칸은 "정규교육은 실제 세상에 좀 더 가깝도록, 인간이 실제로 배우고 자라는 방식과 좀 더 조화를 이루도록 바뀔 필요가 있다"고 했다. 교사의 어깨가 무겁다. 앨빈 토플러가 말하는 교육체계의 대안으로서 교과목과 현장을 연결할 수 있어야 하기 때문이다. 그래서 교과서에 갇힌 교사가 되어서는 안 된다. 좀 더 유연하고, 지역사회의 협조를 이끌어낼 수 있는 교사가 되어야 한다. 교사의 능력에 따라 아이들의 꿈이 달라질 수 있다. 교사는 아이들이 스스로 자신의 꿈을 찾아갈 수 있도록 도와줘야 한다. 이제 한 세기 앞서간 22세기 교사로서 아이들이 새로운 진로를 마음껏 상상하고 더 멋진 미래를 준비할 수 있도록 노력하자.

03

보고 느끼는
모든 것이 직업이 된다

학부생이 노벨상 수상자에게 배울 수 있다는 것도 놀라운데, 놀라운 점이 하나 더 있었다. 교수들이 1년에 한두 번씩 초등학교에도 특별강연을 해준다는 것이다. 세계적인 교수가 초등학교에서 강연을 한다니, 얼마나 멋진가! 그 아이들은 노벨상 수상자들과의 만남을 통해 비전을 갖게 되고 또 세계적인 전문가로 성장할 것이다.

현 서울시장인 박원순 저자는 여기에서 아이디어를 얻어 '명예교사뱅크 운영자'를 제안한다. '명예교사뱅크'는 사회적 명사가 학교에서 강의를 할 수 있도록 돕는 것이다. 미국이나 영국에서 대사를 지낸 분이 시골 중학교에서 영어 교사를, 대법관을 지낸 분이 지방에 위치한 고등학교 사회 교사를 맡는 것이다. 현실적인 면을 고려한다면 명예 교사가 각 학교를 돌아다니며 일일특강을 진행할 수 있도록 하면 된다.

이 외에도 세상을 바꾸는 직업이 다양하다. 어려운 공문서를 쉬운 한국말로 번역해주는 '쉬운 한국어 전문가', 이혼 후 겪게 되는 갖가지 심리적, 경제적, 사회적 문제들을 컨설팅해주는 '이혼 플래너', 장기간 출장으로 집을 비우는 사람들을 연결해주는 '집 바꾸어 살기 사이트 운영자', 의미 있는 해외 연수 프로그램을 돕는 '교사 해외 연수 전문 여행사 대표', 해외 여행 또는 어학 연수를 간 학생들이 관심 분야의 기관을 방문해 설명도 듣고, 담당자나 책임자와 인터뷰 할 수 있도록 돕는 '국제 인턴십 매니저' 등이 바로 그것이다.

우리 사회에는 항상 문제가 산재해 있다. 핵심은 누가 가장 먼저 그 문제를 해결하기 위해 기획을 하고 실행을 하느냐이다. 박원순 저자는 《세상을 바꾸는 천 개의 직업》에서 아이디어와 기반은 있으니 열정과 실행력만 가지고 자신을 찾아달라고 한다.

교사는 아이들이 사회의 문제를 진로로 연결하여 설계할 수 있도록 도와야 한다. 아이들은 학교에서 현실과 동떨어진 교육을 받으며 교과서만 잘 외워 객관식 답만 잘 찍으면 이 세상을 잘 살

것이라고 생각한다. 하지만 현실은 그렇지 않다. 사회에서 필요한 인재는 사회적 문제를 잘 해결하고 그것을 지역 사회 발전이나 수익창출로 연결할 줄 아는 인재가 필요하다. 이때 필요한 것이 창의력이다.

예를 들어 2016년에 삼성 갤럭시노트 7이 출시되었지만 배터리 결함으로 폭발해 사회 문제가 된 적이 있다. 삼성은 이로 인해 업계에서 신뢰를 잃었으며 리콜로 인한 손해액은 10억 달러(1조 1천억 원)로 추정된다. 미국 정부기관들은 삼성 갤럭시노트 7 사용 중지를 권고했다. 세계적 기업인 삼성도 문제에 직면하게 되고 이를 어떻게 해결할 것인가에 기업의 존폐가 달려 있었다. 기업에 손해를 최소화하며 이 문제를 잘 해결할 줄 아는 사람이 있다면 삼성은 바로 채용을 할 것이다.

출산을 경험한 여자라면 느끼는 문제점이 있다. 바로 임산부 굴욕 3종 세트이다. 나는 그게 꼭 필요한 것인가라는 생각이 들었다. 그래서 찾아본 것은 자연주의 출산이었고, 유명 연예인이 수중 분만으로 기쁨을 느끼며 출산을 했다는 기사를 봤다. 인터넷을 검색하니 나와 같은 생각을 하는 사람이 많았다. 자연주의 출산에서 중요한 역할을 하는 사람은 출산을 도와주는 '둘라'라는 사람들이었다. '둘라'는 산모의 진통을 함께해주는 출산 도우미다. 아직 한국에는 '둘라'를 양성하는 기관이 없다고 한다. '둘라'를 양성하고 관리하는 기관을 설립하는 것도 수요가 있을 것이라고 생각했다.

해양 쓰레기를 해결하기 위한 방법을 고안한 네덜란드의 보얀 슬랫은 해양 정화 장치Ocean Cleanup Array를 개발했다. 그는 스쿠버다이빙을 하다가 바다에 떠 있는 수많은 쓰레기를 아무도 치울 생각을 하지 않는다는 것에 충격을 받고 해양 정화 장치를 개발했다. 그 기술을 활용하여 쓰레기를 재활용하면 수천억의 수익을 창출할 수 있고 50퍼센트에 가까운 쓰레기를 수거할 수 있다고 주장했다. 그의 프로젝트에 2천 170만 달러가 지원되고, 그 기술이 출시될 예정이다.

현장 체험 시 단순한 견학으로 그치지 않으려면 교사는 아이들이 현장에서 제대로 보고 느낄 수 있도록 도와줘야 한다. 아이들은 그 과정을 통해 통찰력을 키울 수 있다. 통찰력은 인지주의 학자들이 주장한 개념으로 대표적인 학자로는 독일의 심리학자 쾰러(1887~1967년)이다. 인간의 학습은 인지적 사고능력을 바탕으로 통찰에 의해 이루어진다는 것이다. 인지주의 학파에서 주장한 통찰력이 학습 현장에서 제대로 이루어지려면 어떻게 해야 할까?

현장 체험을 할 때 기획을 아이들이 할 수 있도록 돕고, 아이들이 회의를 통해서 기획안을 작성하게 한다. 우리는 왜 이 체험을 해야 하는가, 무엇이 알고 싶은가, 어떻게 일을 하는가, 어떻게 하면 그 직업을 가질 수 있는가의 내용이 들어간다.

실행을 할 때는 교사가 도와준다. 체험 일정에 맞춰 체험 일터를 신청하고, 일터의 담당자를 확인하며, 여건이 된다면 체험 일터를 방문해 미리 간담회를 진행할 수 있도록 한다. 체험 활동에 필요한 장소, 장비, 동선 등 제반 사항을 준비하고 체험 인원, 학생 정보를 미리 체험 일터에 전달한다.

체험 당일에는 오리엔테이션으로 인사 및 자기 소개, 일정 소개를 하고 직업 체험 활동을 할 수 있도록 한다. 실습을 비롯해 직업인과의 멘토링, 직업에 대한 이론 공부, 부서 라운딩, 직업 보조 활동 및 체험을 한다. 학생들은 체험 시 궁금한 사항을 체험 노트에 적는다. 마무리로 만족도 조사 및 소감 발표를 통해 체험이 잘 이루어졌는지 모니터링한다.

체험 후에 아이들이 간담회를 할 수 있도록 한다. 체험을 하면서 느낀 점, 아쉬웠던 점, 현장에서 느꼈던 문제점, 문제점을 해결하기 위한 방안, 해결책을 위해 공부해야 할 점 등을 의논하여 최종 보고서를 작성한다.

직업 체험은 아이들이 단순히 소풍가는 것이 아니다. 현장에서 보고 느끼는 모든 것이 나의 직업이 될 수 있다는 점을 알 수 있게 해야 한다. 현장에서 어떤 문제가 있고, 어떻게 해결해야 하는가, 나는 왜 이 문제를 해결하고 싶은가, 그리고 나는 어떻게 준비하고 공부해야 하는가를 생각하는 것이 직업 체험의 핵심이다.

만약 현실의 문제를 잘 해결하는 사람이 있다면 어디서나 일할 수 있을 것이다. 만약 '명예교사뱅크'를 운영하는 교육전문가라면 교육부 및 교육청에서 이러한 직업을 흡수해 '명예교사뱅크'팀을 운영할 수도 있고, '둘라'라는 직업이 전문가로 인정받아 산부인과에 없어서는 안 되는 직업이 될 수도 있다. 남들이 할 수 없는 나만의 분야에서 경력을 쌓아간다면, 사회의 부속품으로 언제든지 대체되는 사람이 아닌, 인생의 주체로서 이 사회에 필요한 전문가로 성장하게 될 것이다.

04

지역 사회의 협조를 이뤄내는 법

언어의 한계를 극복하여 직원들과 함께 몸과 땀으로 소통할 수 있게 되었고, 이 활동들로 인해 직원들은 회사에 대한 자부심이 높아졌다. 봉사 활동에서 시작된 일이 조직관리에도 영향을 끼쳐 더욱 큰 빛을 발하게 된 것이다.

– 하재철의 《하부장의 중국 인사비책》 중에서

하재철 저자는 포스코의 중국쪽 인사부장으로 근무하면서 한국과는 너무 다른 문화로 인해 곤란한 일을 겪으며 그들을 이해하게 되었다. 나에게 평소 중국인의 이미지는 좋지 않다. 먼저 중국을 떠올리면 짝퉁 공화국이라는 이미지, 불량한 상태의 식품, 사고를 당해도 아무도 도와주지 않아 방치되어 목숨을 잃게 되었다는 뉴스 등 부정적인 이미지가 먼저 생각난다.

그가 겪은 사례도 크게 다르지 않다. 무감각한 안전의식, 타인에 대한 무관심, 회사의 사정보다 다짜고짜 자신만 생각하는 직원 등 한국이라면 별문제 없이 지나갔을 일이 중국에서는 큰 문제가 되기도 한다.

봉사 활동도 마찬가지이다. 저자는 중국에서 직원들과 함께 지역 사회에 '봉사 활동'을 하라는 지시를 받는다. 그는 중국인이 평소 민족성이 강했기에 자신들의 이웃을 위해 하는 봉사 활동에 큰 거부감이 없을 것이라고 생각했다. 하지만 예상은 완전히 빗나갔다. 직원들의 반응은 냉소 그 자체였다. 직원들은 "우리 살기도 힘든데 어떻게 남을 도울 수 있냐?"라고 반발했다. 그렇다면 급여에서 매월 10위안씩(당시 한국 돈 1,700원)만 떼서 불우이웃을 돕자는 의견에도 "우리의 돈으로 회사 이름만 내세우게 되는 일이다. 직원들은 1위안만이라도 지불하라고 해도 동의하지 않을 것이다"라고 했다.

　저자는 직원들이 봉사 활동이 체화될 때까지 시간이 많이 걸릴 것이라 생각했고 가볍게 시작하기로 했다. '즐거운 봉사 활동'이라는 테마 아래 해변에서 청소하기, 포스코 동산(회사가 산림을 조성하기로 한 지역)에 나무 심기부터 시작했다. 봉사 활동 후에는 게임을 준비해 즐거운 시간이 될 수 있도록 노력했다. 게임 후에는 준비한 도시락을 먹으며 대화도 하고 쏠쏠한 재미도 느낄 수 있게 하였다. 그러한 노력이 통했는지 여자친구 또는 자녀와 함께 봉사 활동에 참여하는 직원이 생겼다. 자녀와 함께 봉사 활동을 하면 대화도 많이 하고 교육 효과까지 있었기 때문이다.

　이러한 봉사 활동을 인정받아 포스코가 대한민국 대사관과 산동성이공동주최하는 사회공헌 활동 발표 대회에서 우수 기업으로 선정되었다. 청도시, 개발구, 적십자, 학교 등으로부터 감사장도 여러 번 받아 지역 사회에서 봉사 활동에 대해 인정받았다. 또한 봉사 활동으로 언어의 한계를 극복하고 직원들이 회사에 대한 자부심도 커져 더욱 보람되었다.

멘토링 자원봉사를 하면서 아이들과 사무실 주변의 쓰레기를 줍는 자원봉사를 한 적이 있다. 지역에서 봉사 활동을 할 때 어깨띠를 두르고 하니 자원봉사 캠페인 효과도 있었다. 그리고 무엇보다 어느 기관에서 어떤 이유로 쓰레기를 줍는지 알게 하였다. 인근 커피숍 사장님은 수고한다며 직접 아이스티를 주시는 등 지역 주민의 호응을 이끌어 낼 수 있었다.

지역 사회의 협조를 이끌어 내는 법은 먼저 협조를 하는 것이다. 아이들과 함께 지역 사회에 봉사를 하도록 하자. ○○학교와 '초록별 지구를 지켜요'라는 어깨띠를 두르고 학교 주변을 청소하는 자원봉사는 지역 주민의 호응을 이끌어 낼 것이다. 학교운영위원회 회의를 거쳐 학부모가 근무하고 있는 회사 중 아이들과 함께하는 자원봉사 프로그램을 운영할 수 있는지 확인하고 학부모 - 교사 - 학생이 함께 참여하는 자원봉사 프로그램을 운영해보자. 자원봉사 후 부모님과 아이들이 함께하는 게임을 진행하기도 하고, 함께 도시락을 먹으며 이런 저런 대화도 하면 밥상머리 교육의 효과도 얻을 수 있을 것이다.

스스로 계획한 여행은
최고의 교육이다

> 지식으로 배우는 역사문화가 아닌 직접 눈으로 현장을 보고 배우는 역사문화는
> 아이의 머리에 끊임없는 질문거리를 만들어 낸다. 여행을 다녀온 후에 함께 여행
> 책을 만들며 그 질문에 대한 해답을 찾아보는 과정은 그 어디에서도 볼 수 없는
> 훌륭한 교과서가 된다.
>
> – 윤현주의 《퀀텀리프》 중에서

저자는 큰 딸을 사교육 없이 서울대에 보내고 둘째 딸은 세계
적인 비보이로 키웠다. 타고난 천재여서도 아니고, 부자여서도 아
니었다. 그런데 이런 성과를 낼 수 있었던 비결은 무엇일까? 저자
는 아이들과 함께 여행을 다녔다. 사교육비는 없어도 여행비는 아
끼지 않았다. 여행은 생각지도 못한 특별함을 경험할 수 있고, 생
각의 물꼬를 트게 할 수 있는 가장 좋은 방법이기 때문이다.

여행을 다녀와서 관련 도서를 읽게 되면 아이들은 책 내용을
온몸으로 흡수한다. 아이들은 그리스에 다녀와서 '그리스로마신
화'와 '그리스인 조르바'를 읽었다. 에게 해의 해변에서 본 해돋이,
그리스의 해안가 풍경 등을 이미 경험했으니 책이 단순한 텍스트

가 아닌 입체적으로 다가왔을 것이다. 나 역시 나중에 애를 낳으면 학원은 안 보내도 여행은 꼭 같이 다닐꺼야라고 생각했었는데, 윤현주 작가를 보니 더더욱 나의 생각에 확신을 가지게 되었다.

그렇다면 어떻게 해야 여행을 통해 아이들이 성장할 수 있을까? 단순히 관광버스에 몸을 싣는 여행? 그냥 어딘지도 모르고 다녀오는 여행? 그런 여행으로는 전혀 성장할 수 없다는 게 내 생각이다. 아이들의 호기심이 있는 곳, 가고 싶어 하는 곳에 다녀와야 한다.

2018년 3~5월 나는 퍼실리테이터로서 정말 좋은 프로젝트를 수행할 수 있는 기회를 얻었다. 바로 전주시 야호학교에서 학교연계 프로젝트로 전라중학교 '진로 여행 프로그램'을 진행한 것이다. '진로 여행 프로그램'은 아이들이 원하는 여행지를 스스로 정하고, 무엇을 볼 것인지 스스로 계획을 세울 수 있게 도와준 프로그램이다. 게다가 아이들이 여행지에서 동영상을 만들 수 있도록 PD, 작가, 촬영감독, 편집감독 등 역할분담을 해 시나리오도 미리 작성하게 하였다. 아이들이 만든 영상으로 영상발표회까지 했다.

처음 아이들은 이것을 왜 해야 하는지도 모르는 상태였다. 하지만 한 주 한 주 토의를 하는 과정에서 아이들은 성장하고 있었다. 마지막 영상발표회 때는 학교 선생님도 놀란 눈치였다.

이번 경험을 통해 교사들에게 꼭 필요한 것은 '신뢰와 인내심'이라는 것을 깨달았다. 아이들이 스스로 할 수 있다고 믿어주는 것이었다. 아이들이 실수하지 않게, 더 빨리 뭔가를 이뤄내게 하기 위해 가르쳐주고 싶은 것을 꾹 참고, 실수를 봐주는 것이 정말 힘들었다. 아이들이 길을 헤맬 때 "선생님이 알려주면 빨리 해결할 수 있지만, 지금은 너희가 스스로 하는 시간이니까 너희들이 해결해"라고 옆에서 묵묵히 지켜봐주는 것이 정말 쉽지 않은 일이었다.

하지만 이 프로젝트에 공감하는 교사들이 아이들을 믿고 인내한 결과는 '대박'이었다. 영상발표회를 하는데 아이들이 그렇게 늠름할 수 없었다. 스스로 해냈다는 기쁨이 아이들을 성장시킨 것 같았다.

그러나 현실은 전라중학교처럼 진행하기 힘들다. 전라중학교 진로 여행을 위해 투입된 인원은 전주시 야호학교 측에서 20여 명이며, 예산도 필요했다. 학교 측에서도 적극적인 교사가 학부모와 다른 교사를 설득해야 했다. 처음 진행한 거라 학생들과의 갈등 역시 있었고, 그 갈등을 해결하기 위해 교사들이 평소보다 2~3배 이상의 힘을 써야 했다. 그렇다고 여행을 부모들에게만 맡길 수도 없었다. 거의 맞벌이이고 모든 부모가 윤현주 저자처럼 할 수 없기 때문이다.

그렇다면 어떻게 해야 할까? 지자체든 교육청이든 아이들의 진로 여행을 위한 지원체제가 구축되어야 한다. 이 프로젝트를 수행하며 가장 애로사항이었던 점은 진로 여행인데 진로가 다양한 아이들로 한 팀이 구성되다 보니 여행 주제를 심층적으로 정할 수 없었던 것이다. 또한 진로가 유사한 아이들 5~6명이 한 팀이 되어야 하는데, 그 팀을 인솔할 수 있는 인솔교사가 부족해 한 팀당 10명 정도씩 구성되었다. 인원수가 많아지면 소극적인 아이들은 거의 소외된다. 한 팀당 5~6명 정도가 알맞다. 그래서 학부모나 지역 사회 교육전문가를 진로 여행 인솔교사로 양성해 전문인력을 확보해야 한다. 만약 지원체계와 인력이 확보가 되어 자유학기제(자유학년제)에 아이들이 자신이 하고 싶은 것, 가고 싶은 곳을 다양하게 경험을 할 수 있게 된다면 신이 나서 학교에 다닐 것이다.

　　아이들이 스스로 계획을 세워서 하는 여행 프로그램을 운영할 때 정말 유념해야 할 것이 있다. 한 번에 잘할 것이라고 기대하지 않는 것이다. 실수해도 괜찮고, 헤매도 괜찮다는 생각이 학부모와 교사, 그리고 우리 사회에 공유되어야 한다. 우리는 진로 여행을 다녀와서 사진이라도 이어붙이면 정말 잘한 것이라고 생각했다. 한 번에 잘할 것이라고 생각하지 않았기 때문이다. 그런데 정말 고맙게도 아이들은 나름대로 여행의 의미를 찾아냈고, 성장했다는 것이다. 중요한 것은 이런 과정을 아이들이 반복해서 할 수 있어야 한다는 것이다. 토론하고, 영상을 제작하고, 글로 남기는 일련의 과정이 한 번이 아니라 계속할 수 있게 된다면 아이들은 교사 없이도 스스로 하는 전문가가 되어 있을 것이다.

06

관계는 곧 지식이다

> 레지오에서 아이들은 동료들과 협동함으로써, 지식이 풍부한 어른들에게 꾸준히 관심과 도움(교육학 용어로는 '비계飛階')을 받음으로써 집단적인 결과물을 창조해낸다.
>
> — 하워드 가드너의 《인간은 어떻게 배우는가》 중에서

다중지능이론으로 유명한 하워드 가드너 박사는 '지식은 인간 사이의 관계에서 생긴다. 우리가 내재화한 것의 대부분은 다른 사람들에게서 온 것이다'라고 했다. 그는 협동 학습과 프로젝트 학습으로 세계 최고의 유치원으로 인정받고 있는 레지오 지역의 유치원을 방문했다. 그는 레지오의 안락하고 아름다운 건물뿐만 아니라 아이들과 다른 교사가 소통하는 방법에 매우 깊은 인상을 받았다.

하워드 박사는 레지오의 프로젝트 협동 학습을 무지개를 예로 들어 설명한다. 어느 날 무지개가 떴다고 가정한다. 아이들과 교사는 무지개를 알아채고 다른 사람들의 주의를 끈다. 그리고 아

이들은 무지개에 대해 이야기 한다. 교사의 제안에 따라 그것을 스케치한다. 잠시 후 무지개가 사라진다. 아이들은 그것이 어디에서 왔으며, 어디로 갔는지에 대해 이야기하고, 프리즘을 집어 빛이 투과되는 것을 본다. 다른 투명한 용기로 실험을 하기도 한다.

비가 오지만 무지개가 뜨지 않는 날에는 왜 뜨지 않았는지 관찰한다. 그것을 다양한 매체로 기록한다. 무지개를 포착하는데 실패하면 학생들은 그 원인을 의논하고 어떻게 더 잘 준비할 수 있을지 고민한다. 아이들은 무지개에 대한 이야기를 읽고, 쓰고, 빗방울을 탐구하고, 비슷한 현상을 고민하고, 빛이 다양한 액체와 용기를 지날 때 무슨 일이 일어나는지 확인한다. 프로젝트가 시작된 것이다. 그러나 이 프로젝트가 어떻게 끝날지 아무도 모른다.

레지오 교사들의 특이한 점은 아이들이 작업하고 토론하는 모든 것들을 기록한다는 점이다. 교사들이 얼마나 많이 기록하는가 하면 아이들이 선생님들의 기록하는 행동을 따라할 정도이다. 아이들은 교사를 따라서 알 수 없는 글씨로 기록하는 듯이 갈겨쓰고 체크 표시를 한다. 아이들은 어른들의 행동을 보고 배운다.

다른 사례로 하워드 가드너 박사가 싱가포르에 갔을 때 일이다. 8개월 된 남자아이와 사진을 찍기 위해 미국에서 하듯이 자신의 안경을 가지고 놀게 줬다고 한다. 하지만 아이에게 소용이 없었다. 아이는 다른 사람의 안경을 만지지 않도록 배웠다. 반면 미국에서는 아이들이 탐험하는 것을 미덕으로 여긴다. 만약 아이가 열쇠 구멍에 열쇠를 꽂으려고 시도하면 미국인들은 기뻐하며 지켜본다. 시간이 걸리더라도 아이 스스로 할 수 있게 하는 것이다. 하지만 동양인들은 아이들에게 열쇠를 어떻게 꽂는지 보여주고 그것을 따라하게 한다.

가드너 박사는 서양식으로 직접 시도하게 하든, 동양식으로 숙달된 모범으로부터 배우게 하든 어떤 것으로 교육해도 좋다고 결론을 내렸다. 중요한 것은 상황과 관계에서 배우는 것이다. 배움에서 가장 중요한 것은 '분위기'이다. 교사가 얼마나 학생에게 헌신하고 수용하는가, 지역 사회가 학교를 위해 얼마나 협조적인가, 어른들은 아이들의 의견을 얼만큼 존중하는가, 각 집단 간 소통이 얼마나 자유로운가 등 분위기가 중요하다고 말한다.

독일의 교육은 도제교육이다. 독일은 중학교 시기에 2~3주 동안 직장에서 일한다고 한다. 독일로 유학을 간 한 블로거는 자신의 아이가 자동차 정비소에서 일하게 되었을 때 기름때에 녹초가 되어 들어온 모습을 보자 마음이 아파 그만두게 하고 싶었다고 한다. 그러나 아이는 힘들지만 해내겠다고 했다. 직장 체험이 끝나자 아이는 자동차 연구원에 대해 진로를 탐색했다고 한다. 무엇보다 얼굴이 매우 밝아져서 놀랐다고 한다. 독일인은 아이들이 직장에서 고생하는 것을 학습이라고 생각하고 지켜본다. 우리가 배워야 할 점이다.

일본의 경우 교육의 목적은 선하고 책임감 있고 잘 훈련된 아이를 기르는 것이다. 일본에 여행을 가면 길을 물어봐도 매우 친절하고, 전단지를 나눠줘도 길바닥에 버리는 경우가 거의 없다. 상인들은 아침 6~7시에 자기 가게 앞을 물청소를 한다. 관광지에서 인력거를 끄는 청년은 창피해하지 않는다. 심지어 문화재 지역의 바닥을 쓸고 있는 관리원의 빗자루질은 장인정신이 깃들어 있는 것처럼 보일 정도다. 어떻게 이런 교육이 가능할까 신기했다.

일본은 스즈키 신이치의 재능교육법의 영향으로 네다섯 살 아이들이 바이올린 독주나 현악기를 협주한다. 일본에서 어머니는 최초의 교육자로 아이보다 먼저 배워 한두 단계 앞설 것을 권장한다.

반면 중국은 초등학생 때부터 아름답고 정교한 수묵화를 그린다. 한자를 배울 때처럼 교사가 시범을 보이면 따라 하면서 그림이 점점 정교해진다. 살아 있는 모델(교사)과 교재를 접한 후 반복하고 연습한다. 연습과정에 교사들은 아이들의 손을 잡고 도와준다.

이제 우리의 교육이 나아가야 할 길을 찾아야 한다. 학생을 위한 진짜 교육은 어디에 있는가? 학생은 부모, 교사, 친구와의 관계에서 배운다. 과거에는 교과서에 있는 지식만 죽어라고 외워서 수능 만점을 받은 인재가 인정받았다. 하지만 이제 더 이상 그런 인재는 소용이 없다. 현실 세계에서 문제해결력, 타인을 도와주고자 하는 리더십, 국제 이해 관계에서 우리의 상황을 설명하고 요구 사항을 관철시키는 힘, 새로운 과학기술의 연구가 중요해졌다. 이러한 지식은 상황에서 배울 수 있다.

어떠한 교육모델이 제대로 작동하기 위해서는 지리적 위치, 그 나라의 역사, 삶과 일을 동일시하는 교사, 교사를 지원하는 교육 행정 시스템, 지역 사회 주민의 생각 등이 유기적으로 연결되어 있어야 한다. 우리는 인공지능 시대로 가고 있다. 아이들이 어떻게 지식을 쌓고 공유하는지 지금보다 더 면밀한 관찰과 연구가 필요하다.

나는 가족을 넘어 다양한 공동체에서 보고 배운다. 그곳에는 다양한 멘토들이 존재하며 각자 다른 재능으로 사회에 봉사한다. 자신의 일을 하면서, 취미생활도 하고, 독서클럽도 하고, 강의도 하며 굉장히 바쁘게 사는데도 그들의 자녀들은 훌륭한 인재로 성장한다. 부모가 자녀에게 해줄 수 있는 가장 좋은 선물은 자녀의 영역을 존중해주며 스스로 끊임없이 노력하는 모습을 보여주는 부모의 모습이라고 생각한다. 그렇기에 그들의 아이들도 자신만의 세계를 구축하며 세계의 리더로 성장하고 있다.

학교 역시 배움 공동체로 교사의 행동에서 보고 배운다. 교사가 아이들의 멘토로서 조력자가 될 때 아이들은 세계의 리더, 진정한 성인으로 자라날 것이다. 대한민국의 미래는 우리 모두 같이 노력할 때 희망으로 가득 찰 것이다.

07

세상을 바꾸는 체인지 메이커

저희 다섯 명의 여고생들은 동물에 대한 관심과 애정이 깊으며 수의사와 사육사를 꿈꾸는 학생들과 마케팅에 관심있는 학생이 모인 프로젝트 그룹입니다. '행복한 동물원'은 동물원의 동물과 관람객이 함께 행복할 수 있는 관람 문화를 만드는 활동을 합니다.

– 다음 스토리 펀딩(https://storyfunding.daum.net/project/307)

이천 양정여고의 조효경, 배다영, 신유진 학생과 이태경 선생님의 체인지 메이커 사례이다. 행복한 동물원 프로젝트는 EBS에서 방영한 다큐멘터리 '동물원의 월요병'을 시청한 후 문제의식에서 시작되었다. '동물원의 월요병'은 주말 4~5만 명의 관람객이 먹이, 쓰레기 등을 동물들에게 주는 잘못된 관람문화로 인해 앓거나 목숨을 잃는 동물에 대한 시사 다큐멘터리이다.

행복한 동물원 프로젝트 팀은 2015년 5월, 동물원을 방문해 실제 그런지 관찰하기로 했다. 그리고 사육사, 수의사, 관람객과 인터뷰도 진행했다. 초등학교 1학년들과 '행복한 동물원의 모습'을 주제로 그림을 그려봤다. 아이들은 함께 동물들과 놀면서, 먹이를 주는 그림을 그렸다. 그러나 동물들에게 함부로 먹이를 주면 사육사는 동물들이 배가 고픈지, 어떤지 체크할 수 없다는 문제점을 찾았다.

동물원의 잘못된 관람문화가 형성된 이유가 사람들이 일부러 그러는 것이 아니라 몰라서 일어나는 일이라는 걸 발견하고는 '행복한 동물원팀'은 관람문화를 개선하기 위한 방법을 의논하였다. 다음카카오의 스토리펀딩, 그림책 만들기, 교내 체인지 메이커 행사에서 사례 발표 등을 통해 인식을 바꾸도록 프로젝트를 진행했다.

체인지 메이커는 세상을 바꾸는 사람들이다. 남들이 미처 발견하지 못한 문제를 찾아 해결을 도모한다. 조선일보 더나은미래의 허인정 대표는 "더 나은 미래를 만드는 사회 혁신가"라고 표현했다. 루트임팩트의 정경선 대표는 "문제의식을 느끼고 긍정적 사회 변화에 참여하는 사람"이라고 했다. 아쇼카 한국은 자신의 아이디어와 자기 주도적인 실행을 통해 문제들을 효과적으로 해결하고 긍정적인 변화를 만들어 낼 수 있는 개인으로서, 이를 위해 필요한 자질들(공감능력, 팀워크, 리더십, 체인지 메이킹 역량)과 목적의식을 분명히 가지고 있는 사람이라고 정의했다.

사단법인 아쇼카는 세상을 바꾸는 체인지 메이커가 확산되기 위해 체인지 메이커 캠프와 교육 등을 진행한다. 아쇼카 설립자이자 탄소배출권을 최초로 고안한 빌 드레이튼은 초등학교 시절 라틴어나 수학을 왜 배워야 하는지 몰랐으나 뭔가 시작하는 걸 좋아했다. 그는 돈을 모아 등사기를 샀고, 함께 글을 잘 쓰는 친구들을 모아 32페이지, 그 이후에는 50페이지 신문을 만들어 학교에 보급했다. 점차 광고도 받아와야 했고, 친구들을 모아 여러 조직을 만들었다. 그때의 경험은 그에게 짜릿한 기억이었다. 이와 같은 경험을 한 친구들은 평생 체인지 메이커로 살아간다. 체인지 메이커는 새로운 가치를 만든다. 그들은 혁신가이다.

《체인지 메이커》의 이나리 저자는 한국 최초의 창업 생태계 플랫폼인 디 캠프를 만들었다. 디 캠프는 이를 국내외 창업자와 투자자, 지원기관 등이 집결하는 아시아의 대표적 스타트업 허브이다. 그녀는 기업가 정신을 강조한다. 그녀가 말하는 기업가 정신은 '기회를 포착해 제약과 위험 부담을 뚫고, 혁신적 사고와 행동으로 시장에 새 가치를 더하는 것'이다.

기회를 어떻게 찾을 수 있을까? 그것은 문제를 발견하는 것이다. '내가 해결하고 싶은 문제는 무엇인가?', '나는 왜 이 문제를 해결하고 싶은가?' 등을 스스에게 물어본다. 나와 관련이 있는 문제라면 더 좋다.

제약과 위험 부담은 자금 부족, 법적 이슈, 기술적 한계, 경쟁 심화를 말한다. 이 제약과 위험을 뛰어넘는 것이 스타트업이 성공할 수 있는 비결이고, 핵심 멤버의 자질이다. '행복한 동물원 프로젝트팀'은 부족한 자금을 다음 카카오 펀딩을 통해 300만 원을 모금할 수 있었다. '학교 후문 경사로의 안전사고 발생 문제'를 해결한 알쿱팀은 예산 문제로 교장선생님의 반대에 부딪쳐, 직접 군청과 교육청을 설득해야 했다. 이런 제약과 위험을 뛰어넘는 것이 어떤 특별하고 능력 있는 사람만 할 수 있는 것이 아니다. 문제를 해결하고자 하는 절박함, 세상을 바꾸려고 하는 의지가 있다면 누구나 체인지 메이커가 될 수 있다.

회사 또는 사회에서는 여러 형태의 문제가 생기고 그 문제를 해결해야 한다. 그러나 나는 팀으로 일하는 방법을 잘 몰랐다. 나뿐만 아니라 다른 사람들도 그랬다. 팀에 소속되어 있었지만 각자 업무를 진행했다. 그 이유는 협력하는 방법을 모르는 것, 다른 사람 일에 상관하면 내 일이 많아지고, 게다가 책임져야 할지 모르는 불안감 때문이다. 당연히 효율성은 떨어지고 서로 경쟁은 심해진다.

체인지 메이커는 지역 사회의 자원을 연결하여 협력한다. 김범수 카카오 이사회 의장은 지금 우리는 '연결의 시대'에 살고 있다고 지적한다. '누구를 참여시키고 이들을 어떻게 서로 연결할까'

를 고민해야 한다. 문제를 해결하기 위해서는 혼자만의 힘으로 되지 않기 때문이다.

학교 교육이 변해야 한다. 혼자만 잘되는 경쟁 교육을 지양하고, 팀으로 협력해서 문제를 해결하고 새로운 가치를 창출하는 체인지 메이커를 육성해야 한다. 강원도교육청은 2016년 12월 17일 '제1회 2016 체인지 메이커 성과 공유회'를 열었다. 강원도교육청 2016년 12월 16일자 보도자료에 의하면 이날 성과 공유회에서는 동화초의 학교 휴식공간 활용 방안, 유봉여중의 음식물 쓰레기 감축, 전인고의 청소년 비만 해소, 횡성고의 안전한 등하교길, 시내고의 지역 축제 후 쓰레기 경감을 주제로 직접 연구한 해결책을 발표했다. 이는 사회적경제지원센터, 협동조합 교육과 나눔, 아쇼카 한국이 학생들이 혁신 기업가로 성장할 수 있도록 업무협력을 맺고 '체인지 메이커 교육'을 지원한 결과이다.

미국 코네티컷주에 있는 학교의 사회과 교사인 톰 드리스콜 은 '교사로서 내 역할이 점수 따는 게 목적이 아니라, 학생들이 서로 연결된 현대 세계에서 성공할 수 있도록 준비시키는 것을 목표로 한다. 우리가 알고 있듯이, 교육의 본질은 중대하게 바뀌고 있다'라고 했다.

교사는 학생들에게 체인지 메이커의 4가지 자질인 공감, 팀워크, 리더십, 문제해결능력을 길러줘야 한다. 공감능력은 자신과 다른 사람들에게 도움이 될 수 있는 새로운 방식을 생각하고 실천하는 능력, 팀워크는 상대방의 역할을 존중하며 협업하는 능력, 리더십은 모든 구성원이 책임감과 권한을 갖게 해 공동의 목표를 달성하는 능력, 문제해결능력은 행동하는 능력을 말한다. 또한 아이들이 체인지 메이커로 자라날 수 있도록 다른 교직원의 긍정적인 지지와 공감을 얻고, 아이들에게 도움을 줄 수 있는 지역 사회 자원을 연결해줘야 한다.

TIP

청소년 체인지 메이커 무브먼트에 참여하려면 아쇼카 한국 Transforming Youth Years 팀에 연락하면 된다. 2~3월과 8~9월에 교사 워크숍과 3월, 9월에는 체인지 메이커 활동 팀 모집을 한다. (전화 : 02-737-6977 / 이메일 : korea@ashoka.org)

08

개천에서 용난다?
개천을 행복하게 만들자

세금으로 특목고 인재, SKY 인재 양성했더니 어떻게 되고 있습니까? 그 아이들이
다시 지역으로 돌아오나요? 아닙니다. 어쩌면 지역에 남는 아이들은 우리가 소위
말하는 평범한 아이들입니다. 그 아이들이 행복할 때 지역이 행복해집니다. 우리
는 더 이상 수월성 교육에 맞춰서는 안 됩니다.

― 김송진(시흥행복교육지원센터 팀장)

시흥행복교육지원센터의 김송진 팀장은 2018년 10월 25일
'전주시와 전주교육지원청이 함께하는 전주형 창의교육 활성화 워
크숍'에서 '혁신교육지구, 협업이 가능하면 지속할 수 있다'의 주제
로 특강을 진행했다. 시흥은 2015년 민선 6기의 새로운 실험으로
'시흥행복교육지원센터'를 설립했다. 시흥시와 시흥교육지원청이
통합근무하는 형태이다.

이는 일반자치와 교육자치가 협조가 아니라 협업이 필요하다
는 사회적 공감을 얻었기에 가능했다. 일반과 교육이 협업하기 위
해서는 예산의 지급 시기, 사업계획서를 작성하는 시기 등 해결해
야 하는 문제가 산더미다. 이 밖에 안 되는 방법은 일부러 생각하

지 않아도 100가지는 만들 수 있을 것이다. 그런데 시흥시는 어떻게 가능했던 것일까?

먼저 시흥시는 '어떤 것이 학생을 위한 것일까'라는 고민을 시작했다. '학업 성취도'를 높이는 것과 '삶의 만족도'를 높이는 것 중 '삶의 만족도'를 높이는 것을 목표로 선택했다. 이는 국제학업성취도평가(PISA) 2015에 근거했다. 한국 학생들의 학업성취도는 OECD 국가 중에서 최상위권이지만 삶의 만족도는 28개국 중 27위라는 안타까운 현실을 반영한 것이다.

내가 대학원을 다니던 2008년에도 이런 문제는 계속 지적되어 왔다. 하지만 10여 년이 지난 지금도 똑같은 고민을 하고 있다. 그래도 상황이 조금 변하기 시작했다. 그 사이 알파고의 충격으로 이제는 이전과 같은 교육을 하면 안 된다는 사회적 공감이 일어났다. 그리고 진로를 탐색하기 위해 시험을 보지 않는 자유학기제가 생겼다. 마을공동체 사업이 곳곳에서 활발하게 일어나고 있고 일반자치뿐 아니라 교육계도 이제는 지역 사회와 협업을 해야 한다는 목소리가 나오기 시작했다. 목적은 한 가지였다. '우리 아이들을 행복하게 만들어야 한다!'

그래서 시흥시는 협업 모델을 만들었고 성공적으로 안착하고 있다. 이런 협업이 어떻게 가능했을까? 분명 상상할 수 없는 갈등과 문제점이 있을텐데 말이다. 김송진 팀장에 의하면 답은 '학습'에 있었다고 했다. '공유 → 학습 → 컨설팅 → 소통'으로 협업을 더 정교하게 만들었다. 또한 학교 대상으로 사업설명회도 개최했다. 2015년에는 통합설명회를, 2016년에는 세부연수를, 2017년에는 지역에 어떤 기관과 프로그램이 있는지 박람회를 열어 교사들에게 정보를 제공했다.

또한 온라인으로도 정보를 제공하고 있다. 시흥교육사업 원클릭시스템으로 시흥창의교육 프로그램 안내, 마을교육과정 신청, 학부모성장프로젝트, 시흥교육 아카이브, 시흥행복교육소식 등 교사들이 사용하기 편리하게 교육정보를 제공하고 있다. 특히 시흥창의교육 프로그램은 과학, 문화, 생태, 안전, 역사, 예술, 체육, 행정, 환경을 주제별로 클릭하면 어디에서 어떤 교육을 하는지 지도에 표시된다. 즉 분산된 업무 체계를 통합하고 지역 자원 연계 DB 통합관리망을 구축해 종합적 프로그램을 제공했으며 주민주도의 참여형 프로그램을 운영한 것이다.

이런 노력으로 어떤 프로그램이 가능했을까 궁금하다. 김 팀장은 5학년 프로그램을 소개했다. 주제는 쌀의 여행이다. 이는 실과와 과학교과의 통합수업인데 총 12차시로 이뤄져 있다. 1, 2차시는 교실에서 이론을 배운다. 볍씨가 싹이 나서 모가 되기까지의 과정, 볍씨를 고르는 법, 모판 심는 법을 가르친다. 3~8차시 때는 직접 논으로 나가 모내기를 하고, 미꾸라지와 우렁을 방사한다. 허수아비를 만들고 벼 베기와 탈곡, 도정도 체험한다. 이렇게 수확한 쌀로 9~10차시에는 쌀을 활용한 음식인 강정과 인절미 만들기를 하고, 11~12차시에는 식품 첨가물과 건강한 먹거리에 대해 교육한다.

그런데 말이 쉽지 이런 프로그램이 교사 혼자되는 것은 아니다. 학교와 마을 그리고 시청이 협업했기에 가능했다. 가시적인 성과가 있었다. 인구가 빠져 나가지 않았다는 수치를 얻었을 뿐 아니라 학교와 지역 사회의 소통이 잘된다, 공동체 의식이 향상되었다, 지역 사회 인프라가 풍부해졌다 등 심리적 만족도도 향상되었다.

우리 아이들의 가장 큰 문제점은 지역에 대한 관심이 적다는 것이다. 지역에 무엇이 있는지 모르기에 지역에 대한 애착도 거의 없다. 20살이 되면 지역을 떠나고 싶어한다. 왜 그런 것일까? 학교에 대한 안 좋은 경험, 집과 학교를 벗어나면 큰일나는 부모들의 지나친 간섭 등이 우리 아이들을 무기력하게 만들고 있다. 그러면서 요즘 아이들이 문제라고 아이 탓만 한다.

언제까지 덴마크 · 핀란드 등 외국의 사례를 부러워만 하고 있을 것인가? 더 이상 문제라고 말만 하면 안 된다. 문제라고 느낀

사람부터 시작하면 된다. 우리 지역의 교육이 어떻게 해야 아이들
이 행복할 수 있을지 치열하게 고민하고 논쟁하고 만들어 나아가
야 한다. 계속해서 학습하고 만나야 한다. 개천에서 키워서 다 떠
나보내는 게 아니라, 개천을 행복하게 만들어 개천에서 살고 오고
싶게 만들어야 한다.

공교육이 변하고 있다!

　2018년 나는 청소년의 프로젝트를 지원하는 전주시 야호학교를 통해 여러 학교에서 퍼실리테이션을 진행했다. 이론으로만 생각하고 연구했던 것들을 적용할 수 있는 좋은 기회였다. 전주솔빛중학교, 전주생명과학고등학교, 전라중학교 등 퍼실리테이션을 통해 아이들의 변화를 경험하는 건 교육자로서 짜릿한 경험이었다. 공급자 중심의 교육이 아니라 오로지 아이들의 성장을 위한 교육이었기에 더 큰 보람을 느낄 수 있었다.

　특히 1박 2일 여행을 스스로 계획하게 도와주는 '야미 프로젝트 – 진로 여행 프로그램'은 아이들을 생각하는 교사(학교)와 전주시(지자체), 틔움교사(지역 사회)의 합작품이다. 아이들은 여행의 과정을 팀으로 계획하고, 여행 동영상을 만들어 성과발표회까지 한다. 각 팀의 여행지는 아이들이 결정한다. 교사는 아이들의 안전만 책임질 뿐이다. 이 프로그램으로 아이들은 친구들과 추억 쌓기와 방송 관련 직업 체험이라는 두 마리 토끼를 잡을 수 있다.

　이 프로그램은 사회적기업 투어 & 미디어의 권민식 대표의 아이디어다. 여행과 미디어를 결합해 아이들이 스스로 성장할 수 있도록 도

255

왔다. 사전회의 시간에 권민식 대표는 한 고등학교에서 이 프로그램을 진행했다고 한다. 슬로건은 '세상의 중심, ○○ 고등학교'였다. 그런데 아이들의 반응은 싸늘했다. 자신들이 어떻게 세상의 중심이냐는 항변이었다. 아이들은 자신들이 '세상의 낙오자다'라는 패배감에 휩싸여 있었다. 당신이라면 어떻게 대답했겠는가. 나는 아마 말문이 막혀 아무 말도 할 수 없었을 것 같다.

권민식 대표는 이렇게 말했다고 한다. "우리 인체 중 가장 중요한 곳은 어디니?" 아이들은 머리요, 심장이요, 눈이요 각양각색 대답을 했다. "아니야, 우리 인체 중 가장 중요한 곳은 아픈 곳이야. 너희 몸에 만약 작은 상처가 났다고 가정하자. 그럼 그곳이 가장 신경 쓰이지? 밴드를 붙이고 약을 발라서 낫게 하려고 하지. 너희는 대한민국에서 가장 아픈 곳이 맞니?"라고 하자 아이들은 자신들이 가장 아픈 곳이라고 대답했다고 한다. "거봐, 우리가 가장 아픈 곳이니까 가장 중요한 거야. 그래서 중심인 거지."

그 말 덕분이었을까? 아이들은 프로젝트를 수행하며 자신감을 갖게 되었다. 여름방학에는 프로젝트 설명회도 개최해 후원금까지 받으

며 사업을 진행할 수 있었다. 아이들의 변화된 모습에 교장 선생님은
그만 펑펑 울고 말았다.

이 책은 이런 희망을 가진 사람들을 위한 책이다. 경쟁에서 벗어나
고, 아이들을 자신만의 브랜드를 갖는 인재로 성장시키기 위한 방법
을 찾는 교사들의 지침서로 사용되길 바란다. 또한 중고등학교 자녀
를 둔 학부모들의 자녀교육 가이드로, 그리고 자유학기제, 학생부 종
합전형을 준비하는 학생들에게도 도움이 되길 희망한다. 그래서 전문
적인 용어를 최대한 이해하기 쉽게 쓰려고 노력했다.

교사 그리고 부모는 아이들의 아픈 곳을 어루만지는 사람이 되어
야 한다. 아이들이 아무리 힘들게 해도 무조건적인 지지와 응원은 교
사와 부모로서 필수 역량이다. 나 역시 무기력한 학생에서 저자가 되
기까지 많은 사람들의 응원과 지지로 이루어진 것이라고 생각한다.
만약 나 혼자였다면 결코 이룰 수 없었을 것이다.

나에게 무조건 응원과 지지를 보내준 남편과 시부모님, 그리고
친정부모님은 나의 뿌리이다. 이 책이 나오기까지 이론적 바탕은 대

학원에서 만들어졌다. 나의 지도교수님인 권인탁 교수님께 감사드린다. 책쓰기 코칭으로 이 책이 나올 수 있게 도와주신 유길문·오경미·이은정 코치님께 감사드린다. 리더스클럽 회원님, 가림출판사 직원분들 외에 나를 지지하고 응원해주신 많은 분들이 계시기에 이 책이 나올 수 있었다고 생각한다. 그런 모든 분들에게 감사의 마음을 전한다.

참고문헌

- 강성태 지음,《강성태 66일 공부법》, 다산4.0, 2016.
- 강헌구 지음,《가슴뛰는 삶》, 쌤앤파커스, 2008.
- 고리들 지음,《인공지능과 미래인문학》, 행운, 2017.
- 김욱 지음,《상처의 인문학》, 다온북스, 2017.
- 김새해 지음,《내가 상상하면 꿈이 현실이 된다》, 미래지식, 2014.
- 김수임 外 5인 지음,《청소년 멘토링 길라잡이》, 학지사, 2012.
- 김승환 지음,《교육감은 독서중》, 모악, 2016.
- 김영훈 지음,《두뇌성격이 아이 인생을 결정한다》, 이다미디어, 2013.
- 김진태 · 한동희 지음,《DISC로 성격을 디자인하자!》, 제이앤씨커뮤니티, 2015.
- 김혜영 外 3인 지음,《입학사정관이 직접 들려주는 학생부종합전형의 모든 것》, 꿈결, 2015.
- 나쓰메 소세키 지음, 오유리 옮김,《도련님》, 문예출판사, 2001.
- 데이비드 니븐 지음, 전미영 옮김,《나는 왜 똑같은 생각만 할까》, 부키, 2016.
- 데일 카네기 지음, 최염순 옮김,《카네기 인간관계론》, 씨앗을뿌리는사람, 2010.
- 마사 스튜어트 지음, 김종식 옮김,《마사 스튜어트 아름다운 성공》, 황금나침반, 2007.
- 마셜 B. 로젠버그 지음, 캐서린 한 옮김,《비폭력대화》, 한국NVC센터, 2011.
- 박원순 지음,《세상을 바꾸는 천 개의 직업》, 문학동네, 2011.
- 배영준 지음,《자신만만 학생부&자소서》, 키출판사, 2015.
- 서인석 지음,《국회 보좌관에 도전하라》, 심인, 2015.
- 오준호 지음,《소크라테스처럼 읽어라》, 미지북스, 2016.
- 요한 볼프강 폰 괴테 지음, 정서웅 옮김,《파우스트》, 민음사, 1999.
- 유길문 지음,《더 시너지》, 가림출판사, 2014.
- 윤현주 지음,《퀀텀리프》, 더클, 2015.
- 이나리 지음,《체인지 메이커》, 와이즈베리, 2015.
- 이지성 지음,《꿈꾸는 다락방》, 국일미디어, 2009.
- 장 자크 루소 지음, 김중현 옮김,《에밀》, 한길사, 2003.
- 정은균 지음,《교사는 무엇으로 사는가》, 살림터, 2016.
- 제임스 앨런 지음, 안희탁 옮김,《생각하는 대로》, 가디언, 2015.
- 조연심 지음,《나는 브랜드다》, 미다스북스, 2011.
- 채홍미 · 주현희 지음,《소통을 디자인하는 리더 퍼실리테이터》, 아이앤유, 2014.
- 앤서니 라빈스 지음, 조진형 옮김,《무한능력》, 씨앗을뿌리는사람, 2008.
- 하워드 가드너 지음, 류숙희 옮김,《인간은 어떻게 배우는가》, 사회평론, 2015.
- 하재철 지음,《하부장의 중국 인사비책》, 더클, 2016.
- 한강 지음,《채식주의자》, 창비, 2007.
- 혜민 스님 지음,《완벽하지 않은 것들에 대한 사랑》, 수오서재, 2016.
- 홍광수 지음,《관계》, 아시아코치센터, 2007.
- J.D. 샐린저 지음, 공경희 옮김,《호밀밭의 파수꾼》, 민음사, 2001.
- J.M. 데 바스콘셀로스 지음, 박동원 옮김,《나의 라임 오렌지나무》, 동녘, 2010.
- John.L.홀랜드 지음, 안창규 옮김,《홀랜드 직업선택 이론》, 한국가이던스, 2004.

가림출판사 · 가림 M & B · 가림 Let's에서 나온 책들

마음의 감기 치료법 우울증 119
이민수 지음 | 대국전판 | 232쪽 | 9,800원
관절염 119
송영욱 지음 | 대국전판 | 224쪽 | 9,800원
내 딸을 위한 미성년 클리닉
강병문 · 이향아 · 최정원 지음 | 국판
148쪽 | 8,000원
암을 다스리는 기적의 치유법
케이 세이헤이 감수 · 카와키 나리카즈 지음
민병수 옮김 | 신국판 | 256쪽 | 9,000원
스트레스 다스리기 대한불안장애학회
스트레스관리연구특별위원회 지음
신국판 | 304쪽 | 12,000원
천연 식초 건강법
건강식품연구회 엮음
신재용(해성한의원 원장) 감수
신국판 | 252쪽 | 9,000원
암에 대한 모든 것
서울아산병원 암센터 지음
신국판 | 360쪽 | 13,000원
알록달록 컬러 다이어트
이승남 지음 | 국판 | 248쪽 | 10,000원
불임부부의 희망 당신도 부모가 될 수 있다
정병준 지음 | 신국판 | 268쪽 | 9,500원
키 10cm 더 크는 키네스 성장법
김양수 · 이종균 · 최형규 · 표재환 · 김문희지음
대국전판 | 312쪽 | 12,000원
당뇨병 백과
이현철 · 송영득 · 안철우 지음
4×6배판 변형 | 396쪽 | 16,000원
호흡기 클리닉 119
박성학 지음 | 신국판 | 256쪽 | 10,000원
키 쑥쑥 크는 롱다리 만들기
롱다리 성장클리닉 원장단 지음
대국전판 | 256쪽 | 11,000원
내 몸을 살리는 건강식품
백은희 지음 | 신국판 | 384쪽 | 12,000원
내 몸에 맞는 운동과 건강
하철수 지음 | 신국판 | 264쪽 | 11,000원
알기 쉬운 척추 질환 119
김수연 지음 | 신국판 변형 | 240쪽 | 11,000원
베스트 닥터 박승정 교수팀의
심장병 예방과 치료
박승정 외 5인 지음 | 신국판 | 264쪽 | 10,500원
암 전이 재발을 막아주는 한방 신치료 전략
조종관 · 유화승 지음 | 신국판 | 308쪽 |
12,000원
식탁 위의 위대한 혁명 사계절 웰빙 식품
김진돈 지음 | 신국판 | 284쪽 | 12,000원
우리 가족 건강을 위한 신종플루 대처법
우준희 · 김태형 · 정진원 지음
신국판 변형 | 172쪽 | 8,500원
스트레스가 내 몸을 살린다
대한불안의학회 스트레스관리특별위원회 지음
신국판 | 296쪽 | 13,000원
수술하지 않고도 나도 예뻐질 수 있다
김경모 지음 | 신국판 | 144쪽 | 9,000원
심장병 119
서울아산병원 심장병원 박승정 박사 지음
신국판 | 292쪽 | 13,000원
누구나 쉽게 할 수 있는 기치유와 기공 수련
한국 기치유 연구회 윤han흥 지음
신국판 | 340쪽 | 14,800원

교육

우리 교육의 창조적 백색혁명
원상기 지음 | 신국판 | 206쪽 | 6,000원
현대생활과 체육
조창남 외5명 공저 | 신국판 | 340쪽 | 10,000원
퍼펙트 MBA
IAE유학네트 지음 | 신국판 | 400쪽 | 12,000원
유학길라잡이 I - 미국편
IAE유학네트지음 | 4×6배판 | 372쪽 | 13,900원
유학길라잡이 II - 4개국편
IAE유학네트지음 | 4×6배판 | 348쪽 | 13,900원
조기유학길라잡이.com
IAE유학네트지음 | 4×6배판 | 428쪽 | 15,000원
현대인의 건강생활
박상호 외5명 공저 | 4×6배판 | 268쪽 | 15,000원
천재아이로 키우는 두뇌훈련
나카마츠 요시로 지음 | 민병수 옮김
국판 | 288쪽 | 9,500원
두뇌혁명
나카마츠 요시로 지음 | 민병수 옮김
4×6판 양장본 | 288쪽 | 12,000원
테마별 고사성어로 익히는 한자
김경익 지음 | 4×6배판 변형 | 248쪽 | 9,800원
생생공부비법
이은승 지음 | 대국전판 | 272쪽 | 9,500원
자녀를 성공시키는 습관만들기
배splits경 지음 | 신국판 | 232쪽 | 9,500원
한자능력검정시험 1급
한자능력검정시험연구위원회 편저
4×6배판 | 568쪽 | 21,000원
한자능력검정시험 2급
한자능력검정시험연구위원회 편저
4×6배판 | 472쪽 | 18,000원
한자능력검정시험 3급(3급II)
한자능력검정시험연구위원회 편저
4×6배판 | 440쪽 | 17,000원
한자능력검정시험 4급(4급II)
한자능력검정시험연구위원회 편저
4×6배판 | 352쪽 | 15,000원
한자능력검정시험 5급
한자능력검정시험연구위원회 편저
4×6배판 | 264쪽 | 11,000원
한자능력검정시험 6급
한자능력검정시험연구위원회 편저
4×6배판 | 168쪽 | 8,500원
한자능력검정시험 7급
한자능력검정시험연구위원회 편저
4×6배판 | 152쪽 | 7,000원
한자능력검정시험 8급
한자능력검정시험연구위원회 편저
4×6배판 | 112쪽 | 6,000원
볼링의 이론과 실기
이택상 지음 | 신국판 | 192쪽 | 9,000원
고사성어로 끝내는 천자문
조준상 글 · 그림 | 4×6배판 | 216쪽 | 12,000원
내 아이 스타 만들기
김민성 지음 | 신국판 | 200쪽 | 9,000원
교육 1번지 강남 엄마들의 수험생 자녀 관리
황송주 지음 | 신국판 | 288쪽 | 9,500원
초등학생이 꼭 알아야 할 위대한 역사 상식
우진영 · 이양경 지음 | 4×6배판변형
228쪽 | 9,500원

초등학생이 꼭 알아야 할 행복한 경제 상식
우진영 · 전선심 지음 | 4×6배판변형
224쪽 | 9,500원
초등학생이 꼭 알아야할 재미있는 과학상식
우진영 · 정경희 지음 | 4×6배판변형
220쪽 | 9,500원
한자능력검정시험 3급 · 3급II
한자능력검정시험연구위원회 편저
4×6판 | 380쪽 | 7,500원
교과서 속에 꼭꼭 숨어있는 이색박물관 체험
이신화 지음 | 대국전판 | 248쪽 | 12,000원
초등학생 독서 논술(저학년)
책마루 독서교육연구회 지음 | 4×6배판 변형
244쪽 | 14,000원
초등학생 독서 논술(고학년)
책마루 독서교육연구회 지음 | 4×6배판 변형
236쪽 | 14,000원
놀면서 배우는 경제
김솔 지음 | 대국전판 | 196쪽 | 10,000원
건강생활과 레저스포츠 즐기기
강신희외11명공저 | 4×6배판 | 324쪽 | 18,000원
아이의 미래를 바꿔주는 좋은 습관
배은경 지음 | 신국판 | 216쪽 | 9,500원
다중지능 아이의 미래를 바꾼다
이소영 외6인지음 | 신국판 | 232쪽 | 11,000원
체육학 자연과학 및 사회과학 분야의 석 ·
박사 학위 논문, 학술진흥재단
등재지, 등재후보지와 관련된 학회지 논문
작성법
하철수 · 김봉경지음 | 신국판 | 336쪽 | 15,000원
공부가 제일 쉬운 공부 달인 되기
이은승지음 | 신국판 | 256쪽 | 10,000원
글로벌 리더가 되려면 영어부터 정복하라
서재희지음 | 신국판 | 276쪽 | 11,500원
중국현대30년사
정재일 지음 | 신국판 | 364쪽 | 20,000원
생활호신술 및 성폭력의 유형과 예방
신현무지음 | 신국판 | 228쪽 | 13,000원
글로벌 리더가 되는 최강 속독법
권혁천 지음 | 신국판 변형 | 336쪽 | 15,000원
디지털 시대의 여가 및 레크리에이션
박세혁지음 | 4×6배판 양장 | 404쪽 | 30,000원

취미 · 실용

김진국과 같이 배우는 와인의 세계
김진국지음 | 국배판 변형양장본(올 컬러판)
208쪽 | 30,000원
배스낚시 테크닉
이종건 지음 | 4×6배판 | 440쪽 | 20,000원
나도 디지털 전문가 될 수 있다
이승훈 지음 | 4×6배판 | 320쪽 | 19,200원
건강하고 아름다운 동양란 기르기
난미을지음 | 4×6배판 변형 | 184쪽 | 12,000원
애완견114
황양원 엮음 | 4×6배판 변형 | 228쪽 | 13,000원

경제 · 경영

CEO가 될 수 있는 성공법칙 101가지
김승룡 편역 | 신국판 | 320쪽 | 9,500원
정보소프트
김승룡 지음 | 신국판 | 324쪽 | 6,000원

기획대사전
다카하시 겐코 지음 | 홍영의 옮김
신국판 | 552쪽 | 19,500원
맨손창업·맞춤창업 BEST 74
양혜숙 지음 | 신국판 | 416쪽 | 12,000원
무자본, 무점포 창업!FAX 한 대면 성공한다
다카시로 고시 지음 | 홍영의 옮김
신국판 | 226쪽 | 7,500원
성공하는 기업의 인간경영
중소기업 노무 연구회 편저 | 홍영의 옮김
신국판 | 368쪽 | 11,000원
21세기 IT가 세계를 지배한다
김광희 지음 | 신국판 | 380쪽 | 12,000원
경제기사로 부자아빠 만들기
김기태·신현태·박근수 공저 | 신국판
388쪽 | 12,000원
포스트 PC의 주역 정보가전과 무선인터넷
김광희 지음 | 신국판 | 356쪽 | 12,000원
성공하는 사람들의 마케팅 바이블
채수명 지음 | 신국판 | 328쪽 | 12,000원
느린 비즈니스로 돌아가라
사카모토 게이이치 지음 | 정성호 옮김
신국판 | 276쪽 | 9,000원
적은 돈으로 큰돈 벌 수 있는 부동산 재테크
이원재 지음 | 신국판 | 340쪽 | 12,000원
바이오혁명
이주영 지음 | 신국판 | 328쪽 | 12,000원
성공하는 사람들의 자기혁신 경영기술
채수명 지음 | 신국판 | 344쪽 | 12,000원
CFO
교텐 토요오·타하라 오키시 지음
민병수 옮김 | 신국판 | 312쪽 | 12,000원
네트워크시대 네트워크마케팅
임동학 지음 | 신국판 | 376쪽 | 12,000원
성공리더의 7가지 조건
다이앤 트레이시·윌리엄 모건 지음
지창영 옮김 | 신국판 | 360쪽 | 13,000원
김종결의 성공창업
김종결 지음 | 신국판 | 340쪽 | 12,000원
최적의 타이밍에 내 집 마련하는 기술
이원재 지음 | 신국판 | 248쪽 | 10,500원
컨설팅 세일즈 Consulting sales
임동학 지음 | 대국전판 | 336쪽 | 13,000원
연봉 10억 만들기
김농주 지음 | 국판 | 216쪽 | 10,000원
주5일제 근무에 따른 한국형 주말창업
최효진 지음 | 신국판 변형 양장본
216쪽 | 10,000원
돈 되는 땅 돈 안되는 땅
김영준 지음 | 신국판 | 320쪽 | 13,000원
돈 버는 회사로 만들 수 있는 109가지
다카하시 도시노리 지음 | 민병수 옮김
신국판 | 344쪽 | 13,000원
프로는 디테일에 강하다
김미현 지음 | 신국판 | 248쪽 | 9,000원
머니투데이 송복규 기자의
부동산으로 주머니돈 100배 만들기
송복규 지음 | 신국판 | 328쪽 | 13,000원
성공하는 슈퍼마켓&편의점 창업
나명환 지음 | 4×6배판변형 | 500쪽 | 28,000원
대한민국 성공 재테크 부동산 펀드와 리츠
로 승부하라
김영준 지음 | 신국판 | 256쪽 | 12,000원

마일리지 200% 활용하기
박성희 지음 | 국판 변형 | 200쪽 | 8,000원
1%의 가능성에 도전, 성공 신화를 이룬 여성 CEO
김미현 지음 | 신국판 | 248쪽 | 9,500원
3천만 원으로 부동산 재벌 되기
최수길·이숙·조연희 지음
신국판 | 290쪽 | 12,000원
10년을 앞설 수 있는 재테크
노동규 지음 | 신국판 | 260쪽 | 10,000원
세계 최강을 추구하는 도요타 방식
나카야마 키요타카 지음 | 민병수 옮김
신국판 | 296쪽 | 12,000원
최고의 설득을 이끌어내는 프레젠테이션
조두환 지음 | 신국판 | 296쪽 | 11,000원
최고의 만족을 이끌어내는 창의적 협상
조강희·조원희 지음 | 신국판 | 248쪽 | 10,000원
New 세일즈기법 물건을 팔지 말고 가치를 팔아라
조기선 지음 | 신국판 | 264쪽 | 9,500원
작은 회사는 전략이 달라야 산다
황문진 지음 | 신국판 | 312쪽 | 11,000원
돈되는 슈퍼마켓&편의점 창업전략(입지 편)
나명환 지음 | 신국판 | 352쪽 | 13,000원
25·35 꼼꼼 여성 재테크
정원훈 지음 | 신국판 | 224쪽 | 11,000원
대한민국 2030 독특하게 창업하라
이상헌·이호original지음 | 신국판 | 288쪽 | 12,000원
왕초보 주택 경매로 돈 벌기
천관성 지음 | 신국판 | 268쪽 | 12,000원
New 마케팅 기법 〈실천편〉 물건을 팔지
말고 가치를 팔아라 2
조기선 지음 | 신국판 | 240쪽 | 10,000원
퇴출 두려움 마라 홀로서기에 도전하라
신정수 지음 | 신국판 | 256쪽 | 11,500원
슈퍼마켓 & 편의점 창업 바이블
나명환 지음 | 신국판 | 280쪽 | 12,000원
위기의 한국 기업 재창조하라
신정수 지음 | 신국판 양장본 | 304쪽 | 15,000원
취업닥터
신정수 지음 | 신국판 | 272쪽 | 13,000원
합법적으로 확실하게 세금 줄이는 방법
최성호·김기근 지음 | 대국전판 | 372쪽 | 16,000원
선거수첩
김용한 엮음 | 4×6판 | 184쪽 | 9,000원
소상공인 마케팅 실전 노하우
(사)한국소상공인마케팅협회 지음 | 황문진 감수
4×6배판 변형 | 22,000원
불황을 완벽하게 타개하는 법칙
오오카와 류우호오 지음 | 김지현 옮김
신국판변형 | 240쪽 | 11,000원
한국 이명박 대통령의 영적 메시지
오오카와 류우호오 지음 | 박재영 옮김
4×6판 | 140쪽 | 7,500원
세계 황제를 노리는 남자 시진핑의 본심에 다가서다
오오카와 류우호오 지음 | 안미현 옮김
4×6판 | 144쪽 | 7,500원
북한 종말의 시작 영적 진실의 충격
오오카와 류우호오 지음 | 박재영 옮김
4×6판 | 194쪽 | 8,000원
러시아의 신임 대통령 푸틴과 제국의 미래
오오카와 류우호오 지음 | 안미현 옮김
4×6판 | 150쪽 | 7,500원
취업 역량과 가치로 디자인하라
신정수 지음 | 신국판 | 348쪽 | 15,000원

북한과의 충돌을 예견한다
오오카와 류우호오지음 | 4×6판 | 148쪽 | 8,000원
미래의 법
오오카와 류우호오 지음
신국판 | 204쪽 | 11,000원
김정은 본심에 다가서다
오오카와 류우호오 지음
4×6판 | 200쪽 | 8,000원
하세가와 케이타로 수호령 메시지
오오카와 류우호오 지음
신국판 | 140쪽 | 7,500원
뭐든지 다 판다
정철원 지음 | 신국판 | 280쪽 | 15,000원
더+ 시너지
유길문 지음 | 신국판 | 228쪽 | 14,000원
영원한 생명의 세계
오오카와 류우호오 지음 | 신국판 변형 |
148쪽 | 12,000원
인내의 법
오오카와 류우호오 지음 | 신국판 변형 |
260쪽 | 15,000원
스트레스 프리 행복론
오오카와 류우호오 지음 | 신국판 변형 |
180쪽 | 12,000원
월트 디즈니 감동을 주는 마법의 비밀
오오카와 류우호오 지음 | 4×6판 |
124쪽 | 7,000원
지혜의 법
오오카와 류우호오 지음 | 신국판 변형 |
218쪽 | 13,000원
더 힐링파워
오오카와 류우호오 지음 | 신국판 변형 |
190쪽 | 12,000원
정의의 법
오오카와 류우호오 지음 | 신국판 변형 |
240쪽 | 17,000원
전도의 법
오오카와 류우호오 지음 | 신국판 변형 |
260쪽 | 17,000원

주식

개미군단 대박맞이 주식투자
홍성걸(한양증권 투자분석팀 팀장) 지음
신국판 | 310쪽 | 9,500원
알고 하자! 돈 되는 주식투자
이길영 외 2명 공저 | 신국판 | 388쪽 | 12,500원
항상 당하기만 하는 개미들의 매도·매수
타이밍 999% 적중 노하우
강경무 지음 | 신국판 | 336쪽 | 12,000원
부자 만들기 주식성공클리닉
이창희 지음 | 신국판 | 372쪽 | 11,500원
선물·옵션 이론과 실전매매
이창희 지음 | 신국판 | 372쪽 | 12,000원
너무나 쉬워 재미있는 주가차트
홍성무 지음 | 4×6배판 | 216쪽 | 15,000원
주식투자 직접 투자로 높은 수익을 올릴 수
있는 비결
김학균 지음 | 신국판 | 230쪽 | 11,000원
억대 연봉 증권맨이 말하는 슈퍼 개미의 수
익나는 원리
임정규 지음 | 신국판 | 248쪽 | 12,500원

주식탈무드
윤순숙 지음 | 신국판 양장 | 240쪽 | 15,000원

역 학

역리종합 만세력
정도명 편저 | 신국판 | 532쪽 | 10,500원
작명대전
정보국 지음 | 신국판 | 460쪽 | 12,000원
하락이수 해설
이천교 편저 | 신국판 | 620쪽 | 27,000원
현대인의 창조적 관상과 수상
백운산지음 | 신국판 | 344쪽 | 9,000원
대운용신영부적
정재원지음 | 신국판 양장본 | 750쪽 | 39,000원
사주비결활용법
이세진 지음 | 신국판 | 392쪽 | 12,000원
컴퓨터세대를 위한 新 성명학대전
박용찬 지음 | 신국판 | 388쪽 | 11,000원
길흉화복 꿈풀이 비법
백운산 지음 | 신국판 | 410쪽 | 12,000원
새천년 작명컨설팅
정재원 지음 | 신국판 | 492쪽 | 13,900원
백운산의 신세대 궁합
백운산 지음 | 신국판 | 304쪽 | 9,500원
동자삼 작명학
남시모 지음 | 신국판 | 496쪽 | 15,000원
소울음소리
이건우 지음 | 신국판 | 314쪽 | 10,000원
알기 쉬운 명리학 총론
고순택지음 | 신국판 양장본 | 652쪽 | 35,000원
대운명
정재원 지음 | 신국판 | 708쪽 | 23,200원

법률일반

여성을 위한 성범죄 법률상식
조명원(변호사)지음 | 신국판 | 248쪽 | 8,000원
아파트 난방비 75% 절감방법
고영근 지음 | 신국판 | 238쪽 | 8,000원
일반인이 꼭 알아야 할 절세전략 173선
최성호(공인회계사) 지음 | 신국판
392쪽 | 12,000원
변호사와 함께하는 부동산 경매
최환주(변호사)지음 | 신국판 | 404쪽 | 13,000원
혼자서 쉽고 빠르게 할 수 있는 소액재판
김재용 · 김종철 공저 | 신국판 | 312쪽 |
9,500원
술 한 잔 사겠다는 말에서 찾아보는 채권 ·
채무
변환철(변호사)지음 | 신국판 | 408쪽 | 13,000원
알기쉬운 부동산 세무 길라잡이
이건우(세무사 재산계장) 지음 | 신국판
400쪽 | 13,000원
알기쉬운 어음, 수표 길라잡이
변환철(변호사)지음 | 신국판 | 328쪽 | 11,000원
제조물책임법
강동근(변호사) · 윤종성(검사) 공저
신국판 | 368쪽 | 13,000원
알기 쉬운 주5일근무에 따른 임금 · 연봉제
실무
문강분(공인노무사) 지음 | 4×6배판 변형
544쪽 | 35,000원

변호사 없이 당당히 이길 수 있는 형사소송
김대환 지음 | 신국판 | 304쪽 | 13,000원
변호사 없이 당당히 이길 수 있는 민사소송
김대환 지음 | 신국판 | 412쪽 | 14,500원
혼자서 해결할 수 있는 교통사고 Q&A
조명원(변호사) 지음 | 신국판 | 336쪽 |
12,000원
알기 쉬운 개인회생 · 파산 신청법
최재구법무사)지음 | 신국판 | 352쪽 | 13,000원
부동산 조세론
정태식 · 김예기 지음 | 4×6배판 변형
408쪽 | 33,000원

생활법률

부동산 생활법률의 기본지식
대한법률연구회 지음 | 김원중(변호사) 감수
신국판 | 480쪽 | 12,000원
고소장 · 내용증명 생활법률의 기본지식
하태웅(변호사)지음 | 신국판 | 440쪽 | 12,000원
노동 관련 생활법률의 기본지식
남동희(공인노무사) 지음
신국판 | 528쪽 | 14,000원
외국인 근로자 생활법률의 기본지식
남동희(공인노무사) 지음
신국판 | 400쪽 | 12,000원
계약작성 생활법률의 기본지식
이상도(변호사)지음 | 신국판 | 560쪽 | 14,500원
지적재산 생활법률의 기본지식
이상도(변호사) · 조의제(변리사) 공저
신국판 | 496쪽 | 14,000원
부당노동행위와 부당해고 생활법률의 기본지식
박영수(공인노무사) 지음 | 신국판
432쪽 | 14,000원
주택 · 상가임대차 생활법률의 기본지식
김운용(변호사) 지음 | 신국판 | 480쪽 | 14,000원
하도급거래 생활법률의 기본지식
김진흥(변호사)지음 | 신국판 | 440쪽 | 14,000원
이혼소송과 재산분할 생활법률의기본지식
박동섭(변호사) 지음 | 신국판 | 460쪽 | 14,000원
부동산등기 생활법률의 기본지식
정상태(법무사) 지음 | 신국판 | 456쪽 | 14,000원
기업경영 생활법률의 기본지식
안동섭(단국대 교수) 지음 | 신국판
466쪽 | 14,000원
교통사고 생활법률의 기본지식
박정무(변호사) · 전병찬 공저 | 신국판
480쪽 | 14,000원
소송서식 생활법률의 기본지식
김대환(지음 | 신국판 | 480쪽 | 14,000원
호적 · 가사소송 생활법률의 기본지식
정주수(법무사)지음 | 신국판 | 516쪽 | 14,000원
상속과 세금 생활법률의 기본지식
박동섭(변호사) 지음 | 신국판 | 480쪽 | 14,000원
담보 · 보증 생활법률의 기본지식
류창호(법학박사)지음 | 신국판 | 436쪽 | 14,000원
소비자보호 생활법률의 기본지식
김성천(법학박사)지음 | 신국판 | 504쪽 | 15,000원
판결 · 공정증서 생활법률의 기본지식
정상태(법무사)지음 | 신국판 | 312쪽 | 13,000원
산업재해보상보험 생활법률의 기본지식
정유석(공인노무사) 지음 | 신국판 | 384쪽 |
14,000원

명 상

명상으로 얻는 깨달음
달라이 라마 지음 | 지창영 옮김
국판 | 320쪽 | 9,000원

처 세

성공적인 삶을 추구하는 여성들에게 우먼파워
조안 커너 · 모이라 레이너 공저 | 지창영 옮김
신국판 | 352쪽 | 8,800원
聽 이익이 되는 말 話 손해가 되는 말
우메시마 미요 지음 | 정성호 옮김
신국판 | 304쪽 | 9,000원
성공하는 사람들의 화술테크닉
민영욱 지음 | 신국판 | 320쪽 | 9,500원
부자들의 생활습관 가난한 사람들의 생활습관
다케우치 야스오 지음 | 홍영의 옮김
신국판 | 320쪽 | 9,800원
코끼리 귀를 당긴 원숭이-히딩크식 창의력을 배우자
강충인 지음 | 신국판 | 208쪽 | 8,500원
성공하려면 유머와 위트로 무장하라
민영욱 지음 | 신국판 | 292쪽 | 9,500원
등소평의 오뚝이전략
조창남 편저 | 신국판 | 304쪽 | 9,500원
노무현 화술과 화법을 통한 이미지 변화
이현정 지음 신국판 | 320쪽 | 10,000원
성공하는 사람들의 토론의 법칙
민영욱 지음 | 신국판 | 280쪽 | 9,500원
사람은 칭찬을 먹고산다
민영욱 지음 | 신국판 | 268쪽 | 9,500원
사과의 기술
김농주 지음 | 국판변형 양장본 | 200쪽 | 10,000원
취업 경쟁력을 높여라
김농주 지음 | 신국판 | 280쪽 | 12,000원
유비쿼터스시대의 블루오션 전략
최양진 지음 | 신국판 | 248쪽 | 10,000원
나만의 블루오션 전략 - 화술편
민영욱 지음 | 신국판 | 254쪽 | 10,000원
희망의 씨앗을 뿌리는 20대를 위하여
우광균 지음 | 신국판 | 172쪽 | 8,000원
끌리는 사람이 되기위한 이미지 컨설팅
홍순아 지음 | 대국전판 | 194쪽 | 10,000원
글로벌 리더의 소통을 위한 스피치
민영욱 지음 | 신국판 | 328쪽 | 10,000원
오바마처럼 꿈에 미쳐라
정영순 지음 | 신국판 | 208쪽 | 9,500원
여자 30대, 내 생애 최고의 인생을 만들어라
정영순 지음 | 신국판 | 256쪽 | 11,500원
인맥의 달인을 넘어 인맥의 神이 되라
서필환 · 봉은희지음 | 신국판 | 304쪽 | 12,000원
아임 파인(I'm Fine!)
오오카와 류우호오지음 | 4×6판 | 152쪽 | 8,000원
미셸 오바마처럼 사랑하고 성공하라
정영순 지음 | 신국판 | 224쪽 | 10,000원
용기의 법
오오카와류우호오지음 | 국판 | 208쪽 | 10,000원
긍정의 신
김태광 지음 | 신국판 변형 | 230쪽 | 9,500원
위대한 결단
이채윤 지음 | 신국판 | 316쪽 | 15,000원
한국을 일으킬 비전 리더십
안의정 지음 | 신국판 | 340쪽 | 14,000원

하우 어바웃 유?
오오카와 류우호오 지음 | 신국판 변형
140쪽 | 9,000원

셀프 리더십의 긍정적 힘
배은경 지음 | 신국판 | 178쪽 | 12,000원

실천하라 정주영처럼
이채윤 지음 | 신국판 | 300쪽 | 12,000원

진실에 대한 깨달음
오오카와 류우호오 지음 | 신국판 변형
170쪽 | 9,500원

통하는 화술
민영욱 · 조영관 · 손이수 지음 | 신국판
264쪽 | 12,000원

마흔, 마음샘에서 찾은 논어
이이영 지음 | 신국판 | 294쪽 | 12,000원

겨자씨만한 역사, 세상을 열다
이이영 · 손온주 지음 | 신국판 | 304쪽 | 12,000원

셀프 리더십 코칭
배은경 지음 | 신국판 | 180쪽 | 12,000원

홀리스틱 리더십
김길수 지음 | 신국판 | 240쪽 | 13,000원

나는야 뽀빠이 공무원
강평석 지음 | 신국판 | 280쪽 | 15,000원

마인드 뷰티 컨설트 김아현의
반전 매력 심리학 이야기
김아현 지음 | 신국판 | 244쪽 | 15,000원

은퇴의 기술
황인철 지음 | 신국판 | 224쪽 | 14,000원

책과 잘 노는 법
백명숙 지음 | 신국판 | 250쪽 | 15,000원

어 학

2진법 영어
이상도 지음 | 4×6배판 변형 | 328쪽 | 13,000원

한 방으로 끝내는 영어
고제윤 지음 | 신국판 | 316쪽 | 9,800원

한 방으로 끝내는 영단어
김수업 지음 | 김수경 · 카렌다 감수
4×6배판 변형 | 236쪽 | 9,800원

해도해도 안 되던 영어회화 하루에 30분씩
90일이면 끝낸다
Carrot Korea 편집부 지음 | 4×6배판 변형
260쪽 | 11,000원

바로 활용할 수 있는 기초생활영어
김수경 지음 | 신국판 | 240쪽 | 10,000원

바로 활용할 수 있는 비즈니스영어
김수경 지음 | 신국판 | 252쪽 | 10,000원

생존영어55
홍일록 지음 | 신국판 | 224쪽 | 8,500원

필수 여행영어회화
한현숙 지음 | 4×6판 변형 | 328쪽 | 7,000원

필수 여행일어회화
윤영자 지음 | 4×6판 변형 | 264쪽 | 6,500원

필수 여행중국어회화
이은진 지음 | 4×6판 변형 | 256쪽 | 7,000원

영어로 배우는 중국어
김수업 지음 | 신국판 | 216쪽 | 9,000원

필수 여행스페인어회화
유연창 지음 | 4×6판 변형 | 288쪽 | 7,000원

바로 활용할 수 있는 홈스테이 영어
김형주 지음 | 신국판 | 184쪽 | 9,000원

필수 여행러시아어회화
이은수 지음 | 4×6판 변형 | 248쪽 | 7,500원

바로 활용할 수 있는 홈스테이 영어
김형주 지음 | 신국판 | 184쪽 | 9,000원

필수 여행러시아어회화
이은수 지음 | 4×6판 변형 | 248쪽 | 7,500원

영어 먹는 고양이 1
권혁천 지음 | 4×6배판 변형(올컬러)
164쪽 | 9,500원

영어 먹는 고양이 2
권혁천 지음 | 4×6배판 변형(올컬러)
152쪽 | 9,500원

여 행

우리 땅 우리 문화가 살아 숨쉬는 옛터
이형권 지음 | 대국전판(올컬러)
208쪽 | 9,500원

아름다운 산사
이형권 지음 | 대국전판(올컬러) | 208쪽 | 9,500원

맛과 멋이 있는 낭만의 카페
박성찬 지음 | 대국전판(올컬러) | 168쪽 | 9,900원

한국의 숨어 있는 아름다운 풍경
이종원 지음 | 대국전판(올컬러) | 208쪽 | 9,900원

사람이 있고 자연이 있는 아름다운 명산
박기성 지음 | 대국전판(올컬러) | 176쪽 | 12,000원

마음의 고향을 찾아가는 여행 포구
김인자 지음 | 대국전판(올컬러) | 224쪽 |
14,000원

생명이 살아 숨쉬는 한국의 아름다운 강
만병준 지음 | 대국전판(올컬러) | 168쪽 | 12,000원

틈나는 대로 세계여행
김재관 지음 | 4×6배판 변형(올컬러)
368쪽 | 20,000원

풍경 속을 걷는 즐거움 명상 산책
김인자 지음 | 대국전판(올컬러) | 224쪽 | 14,000원

3,3,7 세계여행
김완수 지음 | 4×6배판 변형(올컬러)
280쪽 | 12,900원

자유인 김완수의 세계 자연경관 후보지 21
곳 탐방과 세계 7대 자연경관 견문록
김완수 지음 | 4×6배판 변형(올컬러) | 368쪽 | 27,000원

법정 스님의 발자취가 남겨진
한국의 아름다운 산사 답사기
박성찬 · 최애정 · 이성준 지음 |
신국판 변형(올컬러) | 176쪽 | 13,000원

레포츠

인라인스케이팅 100%즐기기
임미숙 지음 | 4×6배판 변형 | 172쪽 | 11,000원

스키 100% 즐기기
김동환 지음 | 4×6배판 변형 | 184쪽 | 12,000원

태권도 총론
하웅의 지음 | 4×6배판 | 288쪽 | 15,000원

수영 100% 즐기기
김종만 지음 | 4×6배판 변형 | 248쪽 |
13,000원

건강을 위한 웰빙 걷기
이강옥 지음 | 대국전판 | 280쪽 | 10,000원

쉽고 즐겁게! 신나게! 배우는 재즈댄스
최재선 지음 | 4×6배판 변형 | 200쪽 | 12,000원

해양스포츠 카이트보딩
김남용 편저 | 신국판(올컬러) | 152쪽 |
18,000원

골 프

퍼팅 메커닉
이근택 지음 | 4×6배판 변형 | 192쪽 | 18,000원

아마골프 가이드
정영호 지음 | 4×6배판 변형 | 216쪽 | 12,000원

골프 100타 깨기
김준모 지음 | 4×6배판 변형 | 136쪽 | 10,000원

골프 90타 깨기
김광섭 지음 | 4×6배판 변형 | 148쪽 | 11,000원

KLPGA 최여진 프로의 센스 골프
최여진 지음 | 4×6배판 변형(올컬러)
192쪽 | 13,900원

KTPGA 김준모 프로의 파워 골프
김준모 지음 | 4×6배판 변형(올컬러)
192쪽 | 13,900원

골프 80타 깨기
오대훈 지음 | 4×6배판 변형 | 132쪽 | 10,000원

신나는 골프 세상
유응열 지음 | 4×6배판 변형(올컬러)
232쪽 | 16,000원

이신 프로의 더 퍼펙트
이신 지음 | 국배판 변형 | 336쪽 | 28,000원

주니어출신 박영진 프로의 주니어골프
박영진 지음 | 4×6배판 변형(올컬러)
164쪽 | 11,000원

골프손자병법
유응열 지음 | 4×6배판 변형(올컬러)
212쪽 | 16,000원

박영진 프로의 주말 골퍼 100타 깨기
박영진 지음 | 4×6배판 변형(올컬러)
160쪽 | 12,000원

10타 줄여주는 클럽 피팅
현세용 · 서주석 공저 | 4×6배판 변형
184쪽 | 15,000원

단기간에 싱글이 될 수 있는 원포인트 레슨
권용진 · 김준모 지음 | 4×6배판 변형(올컬러)
152쪽 | 12,500원

이신 프로의 더 퍼펙트 쇼트 게임
이신 지음 | 국배판 변형(올컬러) | 248쪽 |
20,000원

인체에 가장 잘 맞는 스킨 골프
박길석 지음 | 국배판 변형 양장본(올컬러)
312쪽 | 43,000원

여성 · 실용

결혼준비, 이제 놀이가 된다
김창규 · 김수경 · 김정철 지음 |
4×6배판 변형(올컬러) | 230쪽 | 13,000원

아 동

꿈도둑의 비밀
이소영 지음 | 신국판 | 136쪽 | 7,500원

바리온의 빛나는 돌
이소영 지음 | 신국판 | 144쪽 | 8,000원

진로인성디자이너 김재원의
꿈플러스 진로인성 바이블

2018년 11월 30일 제1판 1쇄 발행

지은이 / 김재원
펴낸이 / 강선희
펴낸곳 / 가림출판사

등록 / 1992. 10. 6. 제 4-191호
주소 / 서울시 광진구 영화사로 83-1(구의동) 영진빌딩 5층
대표전화 / 02)458-6451 팩스 / 02)458-6450
홈페이지 / www.galim.co.kr
이메일 / galim@galim.co.kr

값 15,000원

ISBN 978-89-7895-415-0 13370

이 도서의 국립중앙도서관 출판예정도서목록(CIP)은 서지정보유통지원시스템
홈페이지(http://seoji.nl.go.kr)와 국가자료공동목록시스템(http://www.nl.go.kr/
kolisnet)에서 이용하실 수 있습니다.(CIP제어번호: CIP2018034727)